Ulf Faller

Der Kruzifixstreit oder Warum Schule säkular sein muss

Ulf Faller

Der Kruzifixstreit oder Warum Schule säkular sein muss

Hintergründe einer notwendigen Debatte

Tectum Verlag

Ulf Faller

Der Kruzifixstreit oder Warum Schule säkular sein muss.
Hintergründe einer notwendigen Debatte
Tectum Verlag Marburg, 2014
ISBN: 978-3-8288-3288-6

Umschlagabbildung: © rebealk | photocase.com
Umschlaggestaltung und Satz: Felix Hieronimi | Tectum Verlag
Druck und Bindung: CPI – Ebner & Spiegel, Ulm
Printed in Germany

Besuchen Sie uns im Internet
www.tectum-verlag.de

Bibliografische Informationen der Deutschen Nationalbibliothek
Die Deutsche Nationalbibliothek verzeichnet diese Publikation
in der Deutschen Nationalbibliografie; detaillierte bibliografische Angaben sind
im Internet über http://dnb.ddb.de abrufbar.

Inhaltsverzeichnis

Einleitung

Regelmäßig berichten Medien, dass um Kreuze und Kruzifixe in deutschen oder europäischen Klassenzimmern gestritten wird, zum Teil mit harten Bandagen. Manchen mag dies verwundern, weil er nur Klassenzimmer ohne Kreuze kennt, manchen, weil für ihn Kruzifixe zum gewohnten Equipment einer Schulstube gehören. Alle aber sollte befremden, welche Emotionen der Kruzifixstreit wecken kann. Kreuze zu hinterfragen oder gar anzurühren, scheint ein Sakrileg zu sein, ein Tabubruch. Es scheint ausgemacht, dem Täter soziale Unverträglichkeit und egoistische Motive zu unterstellen, die sich gegen gemeinschaftliche Interessen auflehnen. Anderen wiederum scheint es so, als gäbe es Wichtigeres, als sich um Symbole zu streiten. Es scheint aber nur so!

Bei genauerem Hinsehen stellt man fest, dass mit der Kreuzfrage das Selbstverständnis unserer Kultur, die Frage nach verbindlichen Werten und Normen verknüpft ist, aus denen sich der Zusammenhalt unserer Gesellschaft begründet. Für viele ist der Kern des Gemeinwohls mit ihrer Religion, und das heißt in Deutschland vornehmlich mit dem Christentum, verbunden. Für viele. Aber längst nicht mehr für alle. Denn die religiöse Landkarte Deutschlands wird bunter, und zu religiösen Weltbildern gesellen sich mehr und mehr säkulare, das heißt außerreligiös begründete Weltanschauungen. Ohne Zweifel verändert sich unsere Gesellschaft; so werden auch Traditionen, die vor Jahrzehnten noch ihre Berechtigung gehabt haben mögen, wie zum Beispiel der Kreuzschmuck in Klassenzimmern, mit dem Wandel mitgehen und sich verändern müssen.

Dieses Buch will deutlich machen, warum es sowohl berechtigt als auch notwendig ist, die Frage nach Kreuzen in Klassenzimmern zu stellen. Es soll zeigen, dass es um weitaus mehr geht, als nur um zwei gekreuzte Balken, an die man sich schließlich gewöhnen kann. Es will Kruzifixbefürwortern deutlich machen, dass es nicht Egoismus, sondern Ausdruck eines besonderen gesellschaftlichen Engagements sein kann, sich in der Kreuzfrage zu outen. Nicht die „Kreuz-Hinterfrager“ sollten Gefahr laufen, ins gesellschaftliche Abseits zu geraten, sondern die, die

Kreuzkritiker ausgrenzen. Man mag Kreuze verteidigen und kann trotzdem anerkennen, dass auch die Position der Kritiker ihre Berechtigung hat.

So werden in diesem Buch zunächst wichtige Stationen des Kruzifixstreites dargestellt, um die Argumente zu sammeln, die Kreuzbefürworter und Gegner ins Feld führen. Dabei zeigt sich die ganze Vielschichtigkeit der mit der Kreuzfrage verbundenen Themen. Dann gilt es, den theologischen Hintergrund zu vergegenwärtigen, der mit der Kruzifixdarstellung verbunden ist, denn das Symbol der Kreuzigung lässt sich nur aus dem christlichen Glauben verstehen. Im dritten Kapitel schließlich wird der Versuch unternommen, ein Bild von der religiösen und weltanschaulichen Befindlichkeit Deutschlands zu zeichnen. Deutlich wird hierbei, wie sehr wir in einem kulturellen Umbruch begriffen sind. Des Weiteren wird im vierten Kapitel ein Überblick über die Kulturgeschichte Europas skizziert mit der Frage, was die Wurzeln unserer modernen, demokratischen Gesellschaft sind und welche Rolle das Christentum in diesem Zusammenhang gespielt hat. Das letzte Kapitel schließlich zeigt auf, welche Aufgaben die Schule der Zukunft vor dem Hintergrund des religiös-weltanschaulichen Wandels zu bewältigen hat und welche Veränderungen vor diesem Hintergrund nötig sind. Hierbei wird vor allem die Wichtigkeit eines Philosophie-, Ethik- und Religionskundeunterrichts für alle betont.

Damit hofft der Autor, den emotionalen Wind in der Kruzifixfrage zu beruhigen, um eine Basis zu schaffen, die es erlaubt, mit der notwendigen Ruhe über die Präsenz der Religionen in der Schule zu diskutieren, an die verständlicherweise für viele Beteiligte religiöse Gefühle geknüpft sind. Aus gutem Grund enden die Ausführungen mit einem Plädoyer für eine säkularere Schule, denn die Grundwerte unserer Gesellschaft lassen sich allgemein verbindlich nur säkular begründen. Wir kommen daher nicht umhin, den Platz neu zu bestimmen, den Religionen in einer pluralistisch-offenen Gesellschaft einnehmen sollen. Dies ist für beide Seiten schwer. Religiöse müssen akzeptieren, dass ihre Weltsicht für sie, nicht aber für andere bedeutungsvoll ist. Nichtreligiöse hingegen müssen sich bemühen, die ihnen fremde Glaubens- und Lebenswelt religiöser Menschen anzuerkennen.

Es wird nicht zu übersehen sein, dass der Autor auf der religionskritischen Seite anzusiedeln ist. So wird die eine oder andere Spitze in der Darstellung möglicherweise provozieren. Daher die Bitte zu bedenken: „provozieren" heißt „hervorrufen", und hervorgerufen werden soll ein letztlich konstruktiver Dialog. Denn wir können es uns nicht mehr erlauben, die Frage nach dem Verhältnis von Staat und Kirche unter den Tisch zu kehren. Es wird sicherlich in kirchlichen Institutionen sehr viel positive Arbeit geleistet, die dem Gemeinwohl zugutekommt. Trotzdem haben sich, wie die Analyse zeigen wird, die religiösen Gewichtungen in unserer Gesellschaft verändert, wodurch das verfassungsrechtlich festgeschriebene Neutralitätsgebot des Staates wichtiger geworden ist. Es muss ein neuer Weg gefunden werden zwischen einem christlich dominierten Staat einerseits und multikultureller Beliebigkeit andererseits: Beide Wege werden dem Potenzial nicht gerecht, das die wachsende weltanschauliche Vielfalt birgt. Es soll gezeigt werden, dass es einen Wertekonsens jenseits religiöser Glaubensvorstellungen gibt, ja dass er das Fundament einer weltoffenen freiheitlichen Demokratie ausmacht. Darauf können und müssen wir in Zukunft bauen.

Kulturkrieg um Kreuze in Klassenzimmern

Der Kruzifixbeschluss von 1995 und seine Folgen

Der „Kruzifixbeschluss“ von 1995 gehört zu den Urteilen des Bundesverfassungsgerichts, die besonders emotional aufgenommen wurden. Seine Geschichte begann in der zweiten Hälfte der 1980er-Jahre in einer bayrischen Kleinstadt während eines Volksschulelternabends,[1] an dem Ernst Seler teilnahm, Schülervater und christlicher Anthroposoph. Im Verlauf des Elternabends referierte der Schulleiter über die Wirkung von Videos und Fernsehen auf Kinder, worauf eine lebhafte Diskussion über die allabendlichen Morde und Brutalitäten entbrannte, die zu jugendfreien Sendezeiten zu sehen sind. Das Thema sprach den Vater an, denn in der anthroposophischen Pädagogik spielt ein pflegsamer Umgang mit den Sinnen Heranwachsender eine große Rolle. So fragte er sich, was es für Kinder und Jugendliche bedeutet, ständig mit der plastischen Darstellung der fast nackten Leiche eines zu Tode geschundenen Menschen konfrontiert zu werden, ohne, wie es einem gläubigen Erwachsenen möglich ist, den „Sinn dieser Hinrichtungsszene zu erfassen“.[2] Ernst Seler äußerte daher im Elternabend seine Bedenken, denn im Klassenzimmer hing, wie in bayrischen Schulen üblich, gut sichtbar neben der Tafel ein großes Kruzifix. Er erntete betretenes Schweigen.

---

1 Ausführliche Darstellungen unter: www.dreigliederung.de/initiativen/kruzifixurteil-bayern.html (5/2012).

2 Man mag bedenken, dass auch Christen und erst recht Nichtchristen mitunter Probleme haben, in der Hinrichtung eines Menschen/Gottes einen Sinn zu erkennen: Ohne den christlichen Kontext sieht man im Kruzifix (oder dem christlichen Kreuz, das unzweifelhaft auf die Kreuzigung Jesu hinweist) das, was dargestellt ist: eine äußerst brutale Hinrichtungsszene! Man hat nur die Möglichkeit, von der Brutalität des Dargestellten abzusehen, sich an das Symbol zu gewöhnen und es als „Symbol für das Christentum“ einzuordnen.

In den folgenden Gesprächen, auch mit dem zuständigen Pfarrer, erwirkte er, dass das große Kruzifix an der Tafel durch ein kleines an der Seite des Klassenzimmers ausgetauscht wurde. Bei der Einschulung des zweiten Kindes hielt sich der Schulleiter nicht mehr an diesen Kompromiss. Ernst Seler schrieb daraufhin an das staatliche Schulamt, legte seine persönliche, anthroposophisch geprägte Sicht des Christentums dar und bestand darauf, dass seine Kinder der Wirkung des dominanten und aus seiner Sicht fragwürdigen Symbols nicht weiter zwangsweise ausgesetzt sein müssen. Er erhielt keine Antwort.
Ein Jahr später, 1987, schrieb er dem Kultusministerium:

> „Es gilt, die Elternrechte in der religiösen Erziehung zu stärken und die von dem Staate, aus den Nachkriegswirren vielleicht verzeihliche Anmaßung einer religiösen Prägung zurückzuweisen. [...] Unser Grundrecht und Elternrecht auf religiöse Erziehung des Kindes wird somit vom Staate missbraucht, indem er, der Staat, seine Vorstellungen einer religiösen Erziehung dem Kinde gegen den Willen der Eltern aufzwingt. [...] Wir betonen, wir waren sehr tolerant gegenüber unseren Mitmenschen, indem wir sogar ein Kreuz mit Korpus zwei Jahre lang in Klassenzimmern hängen ließen. [...] Indem aber der Schulleiter und nun das Kultusministerium unsere pädagogischen Bedenken wegen eines übergroßen Leichnams abschmetterten, fordern wir nun unser Recht. [...] Wenn der Staat das Kreuz als Erinnerungsmittel, wie sie es nennen, uns Christen vorschreibt, so werden wir religiös entmündigt. So wie die katholische Kirche immer noch glaubt, und ein Gespräch mit dem Ortspfarrer zeigte dies, die alleinige wirkliche Kirche Christi zu sein, so spielt sich der Staat uns gegenüber als bestimmende Kirchengewalt auf. – Wir wollen kein Kreuz für unsere Kinder."
> Siehe: http://www.dreigliederung.de/religionsfreiheit/kruzifixschulminister1988.html (5/2012).

Damit nimmt der Streit um das Kruzifix seinen Lauf. 1991 klagt Ernst Seler beim Verwaltungsgericht in Regensburg und scheitert. Der Prozess geht ans Karlsruher Bundesverfassungsgericht. Das katholische Bayern wehrt sich: Man versucht mehrfach, Herrn Seler das Sorgerecht für seine drei Kinder zu entziehen. Im Laufe der Zeit finden sich über zwanzig Morddrohungen (!) auf dem Anrufbeantworter. Den Höhepunkt der Attacken bildet eine Zwangseinweisung (!) in eine geschlossene psychiatrische Klinik. In beklemmender Eindrücklichkeit schildert Herr Seler seine Erlebnisse. Hier ein Auszug seiner Beschreibungen:

> „Der Arzt empfängt im Stationszimmer, eine Begrüßungsformel. Der nächste Satz, der über die Lippen dieses Mannes kommt, ist als soziales Todesurteil gedacht:
>
> ‚Sie sind sehr krank.' Dann erst betreten wir seinen Arbeitsraum.
>
> Der neue Weißkittel, welcher es ebenfalls unterließ, sich als Arzt vorzustellen, hat den Bürger noch nie gesehen, geschweige gesprochen oder gar eingehend untersucht und begrüßt mit einer fertigen Diagnose. Es ist sofort klar, aus menschlicher Sicht, ist die Freiheit in weite Ferne gerückt.
>
> Ohne eine Reaktion abzuwarten, kommt der nächste Satz des Psychiaters, wie ein Pistolenschuss. Er offenbart die ganze Boshaftigkeit staatlicher Psychiatrie, wenn sie sich als Vollstrecker der Politik versteht, wie sich dies im Dritten Reich mit scheußlichsten Verbrechen an Menschen erwies:
>
> ‚Ich gebe Ihnen ein Medikament, damit Sie anders denken.'
> […]
>
> Würde der Arzt sagen, Sie sind erkrankt, Sie könnten sich selbst oder gar andere Menschen gefährden, deshalb will ich Sie medikamentieren, könnte man ja noch versuchen, hier nachzuhaken. Nein, der Seelendoktor will ‚nur' mein persönliches ‚Denken' ändern.
> Inquisition der Moderne."
> Siehe: http://www.dreigliederung.de/religionsfreiheit/kruzifixbuchausschnitt02.html (5/2012).

Am 16. 05. 1995 traf das Bundesverfassungsgericht in der Kruzifixangelegenheit folgende Entscheidung:

> „1. Die Anbringung eines Kreuzes oder Kruzifixes in den Unterrichtsräumen einer staatlichen Pflichtschule, die keine Bekenntnisschule ist, verstößt gegen Art. 4 Abs. 1 GG.
>
> 2. § 13 Abs. 1 Satz 3 der Schulordnung für die Volksschule in Bayern ist mit Art. 4 Abs. 1 GG unvereinbar und nichtig."[3]

In seiner Begründung hat das Bundesverfassungsgericht unter anderem ausgeführt:

> „Art. 4 I GG schützt die Glaubensfreiheit. Die Entscheidung für oder gegen einen Glauben ist danach Sache des Einzelnen, nicht des Staates. Der Staat darf ihm einen Glauben oder eine Religion weder vorschreiben noch verbieten. Zur Glaubensfreiheit gehört [...] die Freiheit, kultischen Handlungen eines nicht geteilten Glaubens fernzubleiben. Diese Freiheit bezieht sich ebenfalls auf die Symbole, in denen ein Glaube oder eine Religion sich darstellt. [...] Zusammen mit der allgemeinen Schulpflicht führen Kreuze in Unterrichtsräumen dazu, dass die Schüler während des Unterrichts von Staats wegen und ohne Ausweichmöglichkeit mit diesem Symbol konfrontiert sind und gezwungen werden, ‚unter dem Kreuz' zu lernen."

Wer nun aber glaubte, damit sei für Bayern die Situation geklärt gewesen, täuschte sich. Schon Ende 1995 wurde das Schulgesetz in der fraglichen Angelegenheit wie folgt geändert:

> Art. 7 Abs. 3 BayEUG: „Angesichts der geschichtlichen und kulturellen Prägung Bayerns ist in jedem Klassenraum ein Kreuz anzubringen. [...] Wird der Anbringung des Kreuzes aus ernsthaften und nachvollziehbaren Gründen des Glaubens

---

3 § 13 Abs. 1 lautet: „In jedem Klassenzimmer ist ein Kreuz anzubringen."

> oder der Weltanschauung durch die Schüler widersprochen, versucht der Schulleiter eine gütliche Einigung. Gelingt eine Einigung nicht, hat er für den Einzelfall eine Regelung zu treffen, welche die Glaubensfreiheit des Schülers achtet und die religiösen und weltanschaulichen Überzeugungen aller in der Klasse Betroffenen zu einem gerechten Ausgleich bringt; dabei ist auch der Wille der Mehrheit soweit möglich zu berücksichtigen."

Jeder, der von den neuen Rechten Gebrauch machen wollte, musste nun dem Schulleiter seine Gewissensgründe vorlegen und dabei mit einem Spießrutenlauf durch katholische Reihen rechnen. Wen wundert's, dass nur wenige das Wagnis eingingen, die neuen „Rechte" für sich in Anspruch zu nehmen.

Zu den Mutigen gehörte die atheistische Familie O. in einer oberbayerischen Kleinstadt[4] – mit der Konsequenz, dass der Vater sein Computergeschäft aufgeben und fortziehen musste. Herr O. betrat den Rechtsweg gegen das bayerische Kruzifixgesetz und bekam am 21. April 1999 durch das Bundesverwaltungsgericht in Berlin recht. Das Gericht legte folgende Ausführungsbestimmungen fest:

1. Keine Gewissensprüfung: Der Schulleiter darf keine Prüfung der Gründe durchführen. Die Äußerung des Wunsches, das Kreuz abzuhängen, genügt. Eine weltanschauliche Offenbarung ist nicht nötig.
2. Wahrung der Anonymität: Der Schulleiter muss die Anonymität des Antragstellers wahren, darf seinen Namen also nicht weitergeben.

Mit dieser Entscheidung ist zwar nicht die weltanschauliche Neutralität des Staates gewahrt. Jedoch können Eltern und Schüler dem Gesetz nach

4 Siehe eine Materialsammlung zum Kruzifixstreit vom Bund für Geistesfreiheit Bayern: http://www.bfg-bayern.de/ethik/Stichwort/kruzifixstreit_in_bayern.htm (12/2012).

gefahrlos die Beeinflussung durch das Kreuz unterbinden.[5] Zumindest auf dem Papier – in der Praxis kommt es hingegen sehr darauf an, auf welches Lehrpersonal man stößt. Oftmals wird ohne viel Aufsehen das Kreuz entsprechend dem Gesetzestext entfernt, nicht selten aber wird Schülern oder Eltern gegenüber in Gesprächen Druck gemacht.

Kommentar zum Kruzifixbeschluss von Hans-Jochen Vogel

Zum besseren Verständnis der politischen und rechtlichen Stellung des Kruzifixbeschlusses seien einige Passagen aus einem Vortrag angeführt, den Hans-Jochen Vogel im Winter 1996/1997 vor der katholischen Karl-Rahner-Akademie gehalten hat. Vogel war prägender SPD-Spitzenpolitiker, lange Zeit Oberbürgermeister von München (1960–1972) und bis 1994 Mitglied des Bundestages mit wechselnden Spitzenämtern. Er ist promovierter Jurist und war 1992–1994 Obmann der SPD in der gemeinsamen Verfassungskommission von Bundestag und Bundesrat und danach nicht berufliches Mitglied des bayerischen Verfassungsgerichtshofs. Aufgrund dieser Kompetenzen wurde er gebeten, den Kruzifixbeschluss aus politischer Sicht zu kommentieren.

Es muss erwähnt werden, dass Vogel aus der „Perspektive eines praktizierenden, in ökumenischer Ehe lebenden, wegen seiner Wiederverheiratung aber in seinem kirchenrechtlichen Status eingeschränkten Katholiken“ spricht, wie er sich ausdrückt. Seinen Schlüsselgedanken drückt er in folgenden Worten aus:

> „Inhaltlich steht und fällt der Beschluss mit der Charakterisierung des Kreuzes, das heißt mit der Frage, wofür das Kreuz steht. Ist es nur ein kulturelles Symbol, ein Ausdruck der vom Christentum mitgeprägten abendländischen Kultur,

5 Das Kruzifixurteil betraf auch das Aufstellen von Kreuzen in Gerichtssälen, worüber genauso heftig gestritten wird: Auch hier darf ein Betroffener das Abhängen des Kreuzes oder Kruzifixes erwirken. Doch wer macht das aus der schwachen Position eines Angeklagten heraus?

> dann ist der Beschluss, ohne dass es auf weitere Erwägungen ankäme, schon deshalb falsch, weil die Anbringung und das Vorhandensein eines solchen Zeichens mangels einer für den Glauben relevanten Bedeutung nicht mit dem Grundrecht der Glaubensfreiheit nach Art. 4 Abs. 1 GG kollidieren kann. Ist das Kreuz aber ein, ja sogar das zentrale Symbol des christlichen Glaubens, dann ist der Beschluss richtig. […]
>
> Der Beschluss entscheidet sich – meines Erachtens ganz zu Recht – für die zweite Alternative und belegt das mit Zitaten aus Standardwerken der katholischen und der evangelischen Theologie."

Entscheidend für die Stellung, die man in der Kruzifixfrage einnimmt, ist nach Hans-Jochen Vogel die Beurteilung des Symbolgehaltes des Kreuzes: Befürworten kann man Kreuze, wenn sie ein Symbol für die „christlich abendländische Kultur" darstellen und ohne den religiösen Kontext zu verstehen sind. Dabei ist allerdings zu fragen, ob die Kultur Europas im 21. Jahrhundert auf die Termini „christlich" und „abendländisch" reduziert werden kann. Ist dem nicht so, sind also Kreuze nur vor dem Hintergrund der zentralen religiösen Glaubensinhalte des Christentums verstehbar, ist das Kreuz demnach ein sakrales und kein profanes Symbol, so wird man auf Kreuze in Schulen verzichten müssen. Als gläubiger Christ ist Vogel wichtig zu betonen, dass es auf die zweite Interpretation ankomme:

> „Was wäre eigentlich geschehen, wenn das Gericht die Verfassungsbeschwerde mit der Begründung abgewiesen hätte, das Kreuz sei inzwischen so weitgehend profanisiert, dass es nicht mehr geeignet sei, Glaubensüberzeugungen zu tangieren? Nach meinem Dafürhalten hätte eine solche Erwägung in viel stärkerem Maße Anlass zu massiver Kritik gläubiger Christen geboten, einer Kritik, der ich mich selber durchaus angeschlossen hätte."

So aber stellt sich Hans-Joachim Vogel hinter den Kruzifixbeschluss und führt weiter aus:

> „Ich stimme dem Beschluss inhaltlich auch insoweit zu, als er in dem staatlichen Zwang, die Anbringung und den Verbleib des Kreuzes im Schulraum dulden zu müssen, einen Eingriff in das Grundrecht der negativen Glaubensfreiheit derjenigen Schüler und Schülerinnen sieht, die den christlichen Glauben nicht teilen und deren Eltern sich ausdrücklich auf das Recht ihrer Kinder berufen, in ihrem Glauben oder Nichtglauben, also in ihren Überzeugungen nicht beeinträchtigt zu werden. Das Spezifikum, das diesen Fall von der Begegnung mit Kreuzen an anderer Stelle – etwa auf Kirchtürmen oder Berggipfeln – unterscheidet, ist der vom Staat ausgeübte Zwang und die räumliche und zeitliche Intensität der Begegnung. [...]
>
> Eine häufig geäußerte kirchliche Kritik war des Weiteren, der Beschluss schütze nicht christliche Minderheiten oder sogar einen einzigen nicht glaubenden Schüler auf Kosten der gläubigen Mehrheit. Das sei unverhältnismäßig. Abgesehen davon, dass personenbezogene Grundrechte nicht zur Disposition von Mehrheiten stehen, sondern zum Grundbestand des Unabstimmbaren in unserer politischen Ordnung gehören. [...] Es ist wohl auch die Überlegung statthaft, ob nicht Toleranz mehr noch eine Tugend der Mehrheit als eine Last der Minderheit sein sollte."

Beispiel für einen Kruzifix-Konflikt: Regensburger Albertus-Magnus-Gymnasium im Herbst 2010

Immer wieder kommt es zu einem medienwirksamen Spießrutenlaufen, wie beispielsweise im Fall des Regensburger Albertus-Magnus-Gymnasiums im Herbst 2010. Hier hatte ein Schülervater die Abnahme des Kreuzes im Klassenzimmer seines Sohnes erbeten und für diesen die Möglichkeit eingefordert, nicht am Morgengebet teilnehmen zu müssen.[6] Nach einigen Wochen wandten sich vier von sechzig Eltern brieflich an den betroffenen Vater. Dieser Brief gelangte zur Lokalzeitung, der Vorgang wurde öffentlich und zog ein übles öffentliches Echo nach sich. C-Politiker, wie zum Beispiel Thomas Goppel vom Arbeitskreis christsozialer Katholiken in der CSU, verteidigten lauthals die „Werte des christlichen Abendlandes“ und sahen die Rechte der Mehrheit bedroht. Man darf fragen, ob er sich die Meinung der schweigenden Mehrheit von immerhin 54 Eltern in der entsprechenden Klasse eingeholt hat – wohl kaum. Denn so ungewöhnlich war das Entfernen von Kreuzen am Albertus-Magnus-Gymnasium nicht. Eine Elternvertreterin berichtet, dass in dem Klassenzimmer ihrer Tochter schon seit geraumer Zeit kein Kreuz mehr zu finden ist: „Die Kinder haben das unter sich ausgemacht und keiner hat es mitbekommen.“[7]

Besonders übel war die Hetzjagd christlicher Fundamentalisten, die die Universität, an der der betroffene Vater arbeitet, mit Telefon- und E-Mail-Terror bombardierten. Auf dem katholisch fundamentalistischen Portal „kreuz.net“ konnte man sich einen Eindruck von der sprachlichen Ebene machen, auf der sich diese Mails bewegten.[8] Da war von einem Verbrechen die Rede, das ein gottloser Vater zu verantworten habe, von einem „gräulichen Akt“ eines „Satanisten“. Der Vater wurde als „linke Drecksau“ und „christenfeindlicher Jakobiner“ beschimpft. Es sei betont,

---

6 Siehe: www.welt.de/politik/deutschland/article11199195/Die-Regensburger-liegen-ueber-Kreuz.html vom 25. 10. 2010 (Juni 2012).

7 www.sueddeutsche.de/bayern/kruzifix-in-regensburger-klassenzimmer-das-kreuz-ist-weg-1.1024717 (6/2012).

8 www.kath.net/detail.php?id=28917 (6/2012).

dass es sich bei „kreuz.net" nicht um eine offizielle katholische Seite handelte. Die Deutsche Bischofskonferenz, die Redaktion von Radio Vatikan und mehrere deutschsprachige Bistümer distanzieren sich von „kreuz.net",[9] und man darf davon ausgehen, dass auch die meisten gläubigen Katholiken diese Auswüchse nicht gutheißen. Trotz dieser Abgrenzung bleibt aber die Tatsache bestehen, dass fundamentalistischer Verbalterror Kreuze in Klassenzimmern schützt. Nicht wenige Kreuz-Kritiker gesellen sich lieber zur schweigenden Mehrheit, als sich oder ihre Kinder einem öffentlichen Kesseltreiben auszusetzen.

Zusammenfassend lässt sich sagen: Es ist einfach nicht wahr, dass jeder jederzeit ohne Probleme gegen Kreuze in Klassenzimmern intervenieren kann. So äußerte sich der Vorsitzende des Bundes für Geistesfreiheit in Bayern angesichts der Ereignisse in Regensburg: „Meine Frau hat sich dagegen ausgesprochen, Kreuze abnehmen zu lassen."[10] Ob man will oder nicht, die Kreuztradition wird bei der derzeitigen staatlichen Praxis auch von verbalen Heckenschützen bewahrt.

Lehrerrechte

Häufiger als man denkt, nehmen auch Lehrer Anstoß an Kreuzen in Klassenzimmern. Die Motive hierfür sind vielfältig. So ist es vielerorts Schulrealität, dass zwanzig und mehr Prozent der Schüler (also fünf und mehr Kinder einer Klasse!) keiner der christlichen Konfessionen angehören, am Ethikunterricht teilnehmen, als konfessionsfrei geführt werden oder muslimischer, hinduistischer oder buddhistischer Herkunft sind. Als Lehrer wird es immer ein Anliegen sein, jedem Schüler die Möglichkeit zu geben, sich mit seiner Lernumgebung so weit wie möglich zu identifizieren. Wenn nun aber mehrere Schüler einer Klasse keinen christlichen Hintergrund haben, versteht es sich von selbst, dass ein

9 Wikipedia, kreuz.net (6/2012). Das Portal kreuz.net war im Juli 2013 abgeschaltet.

10 www.welt.de/politik/deutschland/article11199195/Die-Regensburger-liegen-ueber-Kreuz.html (6/2012).

Kreuz im Klassenzimmer diesen Kindern mehr oder minder bewusst ihr „Fremd-“ oder „Anderssein“ vor Augen führt. Das empfinden viele Lehrer als problematisch, auch ohne dass die betroffenen Schüler oder deren Eltern sich im Sinne des Kruzifixbeschlusses zu Wort melden.

Manch einer erlebt es als Diskrepanz, seine Schüler im Hinblick auf die Werte unserer Verfassung erziehen zu sollen, in der die Neutralitätspflicht jeder Weltanschauung gegenüber ein wesentliches Element darstellt, andererseits aber diese Neutralität in einer so umstrittenen Angelegenheit wie der Kreuzfrage zu verletzen. Andere wiederum stehen dem Christentum fern und empfinden es als persönliche Beeinträchtigung, unter einem Kreuz unterrichten zu müssen. Wieder andere sind Christen, finden es aber unerträglich, dass im Zusammenhang mit ihrem religiösen Symbol Missstimmungen, ja heftiger Streit entbrennt. Alle diese Positionen lassen sich finden.

Auf eine Anfrage an das Kultusministerium Baden-Württemberg im Sommer 2008, in der es um die Lehrerrechte in Bezug auf Kreuze in Klassenzimmern ging, hatten die Zuständigen folgendermaßen geantwortet:

> „Der Lehrer kann gegenüber dem Kreuz im Klassenzimmer keine eigenen Rechte geltend machen, da sich sein Auftrag aus dem staatlichen Erziehungs- und Bildungsauftrag ableitet und er mit der Übernahme des Lehramtes die Inhalte des staatlichen Erziehungs- und Bildungsauftrages akzeptiert hat.“

Auf Nachfrage wurde zur Erläuterung aus der Veröffentlichung „Das Schulrecht in Baden-Württemberg“ von Johannes Lambert zitiert. Bezogen auf den Artikel 12 der Landesverfassung zum Thema Jugenderziehung (die Jugend ist in der Ehrfurcht vor Gott, im Geiste der christlichen Nächstenliebe, zur Brüderlichkeit aller Menschen und zur Friedensliebe, in der Liebe zu Volk und Heimat, zu sittlicher oder politischer Verantwortlichkeit, zu beruflicher und sozialer Bewährung und zu freiheitlicher demokratischer Gesinnung zu erziehen) heißt es:

> „Das Erziehungsziel ‚in Ehrfurcht vor Gott‘ kann nicht zu dienstlichen Nachteilen von Lehrern führen, die sich zum Atheismus bekennen. Allerdings muss von diesen Lehrern erwartet werden, dass sie sich im Hinblick auf das für die Schule insgesamt verbindliche Erziehungsziel mit ihrer persönlichen Weltanschauung zurückhalten.“

Wie man erkennen kann, geht die zitierte Begründung auf die Beweggründe vieler Lehrer nicht ein.

Damit haben wir die Situation, dass auf der einen Seite durch den Kruzifixbeschluss klargestellt ist, dass „die Anbringung eines Kreuzes oder Kruzifixes in den Unterrichtsräumen einer staatlichen Pflichtschule, die keine Bekenntnisschule ist, gegen Art. 4 Abs. 1 des Grundgesetzes verstößt“, auf der anderen Seite hat das Urteil kaum Konsequenzen. Der Grund hierfür ist so offensichtlich wie verständlich. Michael Rux, ehemals Schulleiter und Schulrechtsexperte bei der Gewerkschaft Erziehung und Wissenschaft, heute politisch aktiv bei den Evolutionären Humanisten Freiburg, schrieb hierzu in einem offenen Brief an das Kultusministerium Baden-Württemberg:

> „Es ist seit dem (Kruzifixbeschluss) zwar unumstritten, dass die staatlich angeordnete Anbringung eines Kreuzes oder Kruzifixes auch an den öffentlichen Schulen des Landes Baden-Württemberg gegen Art. 4 Abs. 1 GG verstößt. Wenn aber jemand anders das Kreuz angebracht hat oder es einfach so, ohne Anordnung, angebracht wurde oder wenn es schon immer da hing, vertritt die Kultusverwaltung die Auffassung, dass das Kreuz dort bleiben darf, jedenfalls so lange, bis im Einzelfall jemand dagegen opponiert.
>
> Dies verlagert die Pflicht des Staates, die Religionsfreiheit aller Bürgerinnen und Bürger zu wahren, auf die Schülerinnen und Schüler beziehungsweise ihre Eltern. Wenn sie ihr Recht auf Entfernung von religiösen Symbolen in Schulräumen durchsetzen wollen, werden sie jedoch häufig als Störenfriede oder als Religionsfeinde betrachtet

> und angegriffen (gemobbt). Das wollen sie sich und nicht zuletzt ihrem Kind ersparen. Sie fügen sich deshalb oft dem Druck der Mehrheit – und werden dadurch in ihrer Religionsfreiheit beeinträchtigt. Das ist nicht länger hinnehmbar. Eine Gesellschaft, die sich selbst zur Toleranz und die ihre Schulen auf die Erziehung zur Toleranz verpflichtet hat, tut gut daran, die Last des Widerspruchs nicht auf die schwächsten Glieder der Gemeinschaft zu verlagern. Eine tolerante Gesellschaft darf nicht warten, bis sich mutige Eltern finden, die für sich und ihr Kind das Recht einfordern."[11]

Nach dem politischen Wechsel in Baden-Württemberg, der eine grün-rote Regierung im bislang „schwarzen" Südwesten brachte, hat der Autor mit einigen Kollegen in Bezug auf die Lehrerrechte bei der neuen Kultusministerin Warminski-Leitheußer noch einmal nachgefragt. Die erneute Anfrage wurde unter anderem wie folgt begründet:

> Die Widerspruchslösung verlagere die Initiative „auf die Schülerinnen und Schüler beziehungsweise deren Eltern, die im Schulgefüge die schwächste Position haben und damit am ehesten bereit sind, zum Schutz vor möglichem Sympathieentzug Kreuze in Klassenzimmern hinzunehmen. Zudem müssten sie, wenn sie für einen kreuzfreien Klassenraum einträten, notgedrungen eine weltanschauliche Diskussion anregen, sei es mit der Schulleitung, den unterrichtenden Lehrern oder mit den Miteltern bzw. Mitschülern. Solche Diskussionen und Auseinandersetzungen können sehr unangenehm aus dem Ruder laufen. […] So ist es mehr als verständlich, dass hiervon um des Friedens willen selten Gebrauch gemacht wird.

11 http://www.humanisten-freiburg.de/sites/default/files/pdf/Rundbrief%202011-2%20Sept%202011%20Farbe.pdf (12/2012).

> Wir halten diese Regelung auch im Hinblick auf den immer größer werdenden Anteil von Schülern nicht christlicher Konfession bzw. von Konfessionsfreien nicht mehr für angemessen."

Zu den Motiven der Lehrer, die sich für kreuzfreie Unterrichtsräume einsetzen, wurde vorgebracht:

> „Die Motive hierfür sind vielfältig. Zum Beispiel, weil sie ein Empfinden für die soziale Schieflage haben, die hierbei für nicht christliche Schüler oder Eltern entsteht, auch ohne dass die Betroffenen sich im obigen Sinne äußern. Oder weil sie überzeugt die Werte unserer Verfassung, zu der die Neutralitätspflicht des Staates gehört, vermitteln wollen und dabei die Diskrepanz bemerken, auf die in diesem Brief aufmerksam gemacht wird."

In ihrem Antwortbrief betont Frau Warminski-Leitheußer, dass es ihr „persönlich wichtig" sei, „dass Meinungsverschiedenheiten im Gespräch, im Bemühen um gemeinsame, allen gerecht werdende Lösungen zu einem Ausgleich gebracht werden". Dementsprechend beantwortet sie die Anfrage in Bezug auf die Lehrerrechte:

> „Die Frage eines Kreuzes im Klassenzimmer ist eine allgemeine Frage der Erziehung und des Unterrichts, über welche die Gesamtlehrerkonferenz mit Zustimmung der Schulkonferenz entscheidet."

Dies bedeutet natürlich, dass es möglich sein muss, in den genannten schulischen Gremien über die Frage nach Kreuzen in Klassenzimmern zu diskutieren. Einen überraschenden Aspekt führt die Kultusministerin in ihrem Brief ausführlicher aus, den sie zum Abschluss noch einmal folgendermaßen zusammenfasst:

> „Sicherlich werden Sie mir gegenüber einräumen, dass ein Lehrer nicht widersprechen kann, wenn muslimische Schülerinnen aus religiösen Gründen ein Kopftuch tragen. Folgerichtig sollen sie es dann respektieren, wenn im Hinblick

> auf die spirituellen Bedürfnisse christlicher Schüler im Klassenzimmer ein Kreuz hängt."

Zweierlei wird hier vermengt, was nicht zusammengehört: Es ist etwas ganz anderes, ob sich ein Schüler selbst mit einem religiösen Symbol schmückt, ein Kopftuch oder ein Kreuz an einer Kette trägt, oder ob das Kreuz dem gemeinschaftlichen Raum zugeordnet ist. Im ersten Fall handelt es sich um freie Religionsausübung, bei der jeder die Möglichkeit wahrnehmen kann, sein Bekenntnis öffentlich zu zeigen. Im zweiten Fall haben wir ein „staatliches Bekenntnis" zu einer Religion, und das verletzt Artikel 140 des Grundgesetzes: „Es besteht keine Staatskirche".[12]

Seit dem Kruzifixbeschluss wurde im katholischen Bayern mehrfach gerichtlich versucht, die rechtliche Stellung unterrichtender Lehrer in Sachen Kruzifixe zu stärken. Ohne durchgreifenden Erfolg, wohl aber mit öffentlichen Schmähungen und demütigenden Begleitumständen, die dem oben zitierten Fall aus Regensburg entsprechen.[13]

Dabei ist es schon im Grundsatz unverständlich, warum man verbeamteten Lehrern das Recht verweigern sollte, sich in Sachen Kreuze in Klassenzimmern zu Wort zu melden: Seit dem Kruzifixbeschluss ist unmissverständlich klargestellt, dass das Anbringen von Kreuzen in Klassenzimmern dem Artikel 4 des Grundgesetzes widerspricht. Beim Pochen auf Sonderrechte in einzelnen Bundesländern stellt das Grundgesetz in Artikel 31 klar, dass Bundesrecht Landesrecht bricht. Zudem ist der Beamte nach § 60 Bundesbeamtengesetz verpflichtet, sich für das Umsetzen der freiheitlich-demokratischen Grundordnung einzusetzen: „Beamtinnen und Beamte müssen sich durch ihr gesamtes Verhalten zu der freiheitlich demokratischen Grundordnung im Sinne des Grundgesetzes bekennen und für deren Erhaltung eintreten." Dies

---

12 Artikel 140 schließt Artikel 137 der Weimarer Verfassung ins Grundgesetz ein. Dort steht unter (1): „Es besteht keine Staatskirche".

13 Siehe beispielsweise: http://www.focus.de/politik/deutschland/schule-mit-allen-ueber-kreuz_aid_207014.html (6/2012). Ein katholischer Pfarrer meinte beispielsweise, dass „der Fall des Klägers nicht vor ein Gericht, sondern vor einen Psychiater" gehöre. Dem Autor liegen auch persönliche Schilderungen eines von Schmähungen betroffenen Lehrers vor.

gilt selbstverständlich auch für Landesbeamte, wie schon der Diensteid des Landesbeamten zum Ausdruck bringt: „Ich schwöre, dass ich mein Amt nach bestem Wissen und Können führen, das Grundgesetz für die Bundesrepublik Deutschland, die Landesverfassung und das Recht achten und verteidigen und Gerechtigkeit gegen jedermann üben werde." Nun mag es in Bezug auf Kreuze in Klassenzimmern unterschiedliche rechtliche Auffassungen geben. Zum Schutze der Kinder und Jugendlichen, auch derjenigen, die einer weltanschaulichen Minderheit angehören, und zum Schutze unserer gemeinsamen, freiheitlich-demokratischen Grundordnung, wie sie im Grundgesetz festgeschrieben ist, wird man Lehrern das Recht, womöglich gar die Pflicht nicht absprechen können, sich in die Diskussion um Kreuze unbehelligt einzumischen.

Kreuze in Klassenzimmern – ein katholisches Phänomen

Interessanterweise finden sich Kreuze in Klassenzimmern vor allem in katholischen Landstrichen, während protestantische Schulen außer in Religionsunterrichtsräumen selten mit Kreuzen ausgestattet sind. So hieß es in der „Stuttgarter Zeitung": „In Stuttgart verzichten neben den staatlichen selbst die evangelischen Schulen auf das Glaubenssymbol in den Unterrichtsräumen. ‚Wir brauchen kein Kreuz, das uns ständig an unsere Wurzeln erinnert. Wir leben unsere christlichen Überzeugungen im Schulalltag', sagt beispielsweise Ruth Lemaire, die Schulleiterin der Johannes-Benz-Schule, einer Grundschule in evangelischer Trägerschaft."[14] Ähnliches gilt für Wegkreuze in der Landschaft, die ebenfalls ein vorwiegend katholisches Markenzeichen darstellen. Die kulturgeschichtlichen Wurzeln dieses Phänomens finden sich in der Reformationszeit. Der sehr viel ältere theologische Streit um die Vereinbarkeit bildlicher Darstellung religiöser Motive mit den Zehn Geboten wurde von protestantischer Seite, vor allem durch Zwingli und

14 www.stuttgarter-zeitung.de/inhalt.streit-um-kruzifixe-in-schulen-das-kreuz-mit-dem-kreuz.7378aa78-3509-4747-84c2-78b1af774624.htm (6/2012).

Calvin, eher mit einem Bildverbot beantwortet; es kam bekanntlich immer wieder zu Bilderstürmen, in deren Verlauf auch Wegkreuze oder Kreuze in Gaststuben entfernt wurden, was heftige Reaktionen, auch Todesurteile, zur Folge hatte. Ein Beispiel hierfür ist der Züricher Schuhmacher Klaus Hottinger, der 1524 in Luzern wegen des Entfernens eines Kruzifixes hingerichtet wurde. Als katholische Gegenreaktion wurde im Konzil von Trient 1563 die Rückkehr zum Bildergebrauch beschlossen und in bewusster Kontrastierung zum Protestantismus betont. In diesem Zusammenhang stehen auch die schlichten evangelischen Kirchen im Gegensatz zum überladenen Schmuck auf katholischer Seite. So versteht sich, dass die zum Teil heftigen Reaktionen im Zusammenhang mit dem Kruzifixstreit vor allem katholischen Ursprungs sind.

Die Kruzifix-Debatte außerhalb Deutschlands

Die Diskussion um Kreuze im öffentlichen Raum ist kein Spezifikum Deutschlands. Auch in Polen, Österreich und der Schweiz finden heftige Auseinandersetzungen statt. Allein in Frankreich, dem Mutterland der Aufklärung, für das eine strikte Laizität seit 1905 staatskonstituierend ist, wird um öffentliche Kreuze nicht gestritten, obwohl die überwiegende Mehrheit der Franzosen katholische Christen sind. In Frankreich sind nicht nur religiöse Zeichen in Klassenzimmern verboten, sondern ebenso das auffällige Tragen religiöser Zeichen durch Lehrpersonal und Schüler. Ein Religionsunterricht findet im Rahmen der Schule nicht statt. Die Probleme in Frankreich liegen anders und haben mit der Integration muslimischer Einwanderer und deren Nachfolgegenerationen zu tun, die oftmals weniger gelungen ist als in Deutschland.

In Polen entzünden sich die Gemüter an einem Kruzifix im Plenarsaal des Sejms, einer der beiden Kammern des polnischen Parlamentes. Die Parlamentspräsidentin Kopazc hat vier rechtswissenschaftliche Expertisen in Auftrag gegeben, die übereinstimmend zu der Auffassung gekommen sind, dass das Kreuz nicht nur ein religiöses Symbol sei, sondern auch „allgemeine menschliche Werte“ verkörpere.[15]

Auch in Österreich schlagen die Wogen der Kruzifix-Diskussion hoch. Hier hat sich eigens eine Initiative „Kreuzdebatte.at“ (Teil der Initiative „Religion-ist-Privatsache.at“) gebildet,[16] die schlagkräftig für mehr Laizität in Österreich eintritt und beispielsweise betroffene Eltern unterstützt und auf ihrem Weg durch gerichtliche Instanzen begleitet.

Die Schweiz

Besonders interessant ist die Dynamik, die der Streit um Kreuze in Klassenzimmern in der Schweiz genommen hat. Im Oktober 2010 berichtete der Walliser Bote, dass dem Orientierungsschullehrer Valentin Abgottspon, der Präsident der Walliser Sektion der Freidenkervereinigung ist, wegen Abhängen eines Kruzifixes in seinem Klassenzimmer fristlos gekündigt worden sei. Eigentlich tat er dies, wie auch seine Lehrerkollegen wussten, schon längere Zeit. Er war aber im Sommer 2010 an der kantonalen Dienststelle für Unterrichtswesen vorstellig geworden, um auf ein Schweizer Bundesgerichtsurteil von 1990 hinzuweisen,[17] wonach auf Wunsch der Eltern das Kruzifix in Schulräumen anstandslos zu entfernen sei. Daraufhin spitzte sich der Streit zu, es kam zu Briefwechseln, zum An- und Abhängen von Kruzifixen, zu Drohungen wie: „Das Kreuz wartet auf dich“ und schließlich zur fristlosen Kündigung.[18]

Zeitgleich kam es in Triengen nahe Luzern dazu, dass ein Vater in den Klassenzimmern seiner Kinder mit Berufung auf seine säkulare

15 http://www.infoseite-polen.de/newslog/?p=6041#more-6041 (6/2012).

16 http://www.kreuzdebatte.at/ (6/2012).

17 Interessant in diesem Zusammenhang die Formulierung, das Gericht habe entschieden, dass ein Kruzifix in Schulzimmern für den Unterricht religionsunmündiger Schüler die Religionsfreiheit verletzte; www.parlament.ch/ab/frameset/d/s/4904/383503/d_s_4904_383503_383861.htm (6/2012).

18 www.1815.ch/wallis/aktuell/streit-um-kruzifix-endet-mit-kuendigung-7385.html (6/2012).

Gesinnung das Entfernen eines Kruzifixes gemäß der Schweizer Rechtsprechung erwirkt hatte. Die Folge war auch hier eine Hetzjagd mit Beschimpfungen und Bedrohungen, die in Morddrohungen mündeten. Diese musste man so ernst nehmen, dass die Familie auf Anraten der Polizei den Ort und letztlich auch das Land verlassen hat.[19]

Diese Ereignisse veranlassten die Nationalrätin Ida Glanzmann-Hunkeler im Dezember 2010 zu einer parlamentarischen Initiative, die darauf abzielte, im Schweizer Grundgesetz festzuschreiben, dass „Symbole der christlich abendländischen Kultur im öffentlichen Raum zulässig sind". Sie begründete dies wie folgt:

> „Symbole der christlich-abendländischen Kultur sollen in der Öffentlichkeit ihre Berechtigung haben. Das heißt, im öffentlichen Raum, wie z. B. auf Bergspitzen, in Parks, an Straßen und Wegen und in öffentlichen Gebäuden, sollen diese Symbole zugelassen sein.
>
> Unsere rechtlichen Grundlagen, insbesondere auch unsere Verfassung, sollen dies festhalten, damit nicht Einzelpersonen oder einzelne Gruppierungen unter Bezugnahme auf individuelle Grundrechte wie Glaubens- und Gewissensfreiheit unsere schweizerische Kultur infrage stellen können."[20]

Nachdem der Nationalrat der Initiative zugestimmt hatte, wurde sie im Ständerat der Schweiz, der sich aus je zwei Vertretern aller Kantone zusammensetzt, im Juni 2012 mit 21 zu 17 Stimmen abgelehnt.[21] Neben vielen schon bekannten Argumenten, die in der Debatte ausgetauscht wurden, kommt eine Argumentationsfigur hinzu, die auch im noch zu

19 www.tagesanzeiger.ch/schweiz/standard/KreuzgegnerFamilie-verlaesst-die-Schweiz-nach-Morddrohungen/story/22396379 (6/2012).

20 www.parlament.ch/D/Suche/Seiten/geschaefte.aspx?gesch_id=20100512 (6/2012).

21 Einige ausführlichere Stellungnahmen der Ständeräte lassen sich unter www.parlament.ch/ab/frameset/d/s/4904/383503/d_s_4904_383503_383861.htm (6/2012) nachlesen.

besprechenden zweiten Straßburger Urteil eine Rolle spielt. Denn das Verhältnis des Staates zur Religion ist keineswegs in allen Schweizer Kantonen das gleiche. So gibt es ausgesprochen laizistische Kantone, die, so die Argumentation, in ihrer religionspolitischen Orientierung durch den Verfassungspassus eingeengt würden. Außerdem wies die Ständerätin Anita Fetz des Kantons Basel-Stadt darauf hin, dass „die Bild- und Symbolverehrung nicht in erster Linie eine christlich-abendländische, sondern in erster Linie Bestandteil der katholischen Religion ist.“[22]

Italien und die Urteile des Europäischen Gerichtshofs für Menschenrechte (EGMR)

Die Geschichte dieser Urteile begann im Schuljahr 2001/2002 in der norditalienischen Kleinstadt Abano Terme. Soile Lautsi, die aus Finnland stammende Mutter zweier Söhne, deren Ehemann als Arzt arbeitet, empfand die in allen Klassenzimmern hängenden Kruzifixe als Herabwürdigung ihrer Erziehungsbemühungen fernab christlicher Religiosität und verlangte, diese zu entfernen. Als der Schulleiter dem Anliegen nicht nachkommen wollte, bemühte sie die Gerichte. Sie berief sich dabei auf ein Urteil des Kassationsgerichts (oberste Gerichtsinstanz Italiens), dem zufolge Kreuze in Wahlbüros gegen die religiöse Neutralität des Staates verstoßen. Der Kruzifixstreit nahm seinen Weg durch die Institutionen. Im Jahre 2006 wurde die Klage von den obersten Richtern Italiens abgewiesen. Begründung: Das Kreuz sei ein Symbol der Geschichte und Identität des Landes. Es sei als „Flagge“ der einzigen in der Verfassung erwähnten Religion auch ein Symbol des Staates.

So kam der Fall Lautsi an den EGMR. Im November 2009, kurz nach dem ersten Urteil des EGMR, berichtete das 3sat-Magazin „Kulturzeit“ über die Situation der Familie Lautsi und die Diskussionen

22 Ebd.

und Reaktionen, die Italien in Sachen Kruzifix erlebte.[23] Die Familie war psychischen und physischen Attacken unvorstellbaren Ausmaßes ausgesetzt: Die Grenzen ihres Anwesens wurden mit Kreuzen beschmiert, es flogen Steine auf ihr Grundstück, täglich kamen anonyme Briefe. Lautsi im Interview: „Die nettesten Reaktionen sind noch: *Hackt denen die Hände ab, die gegen die Kruzifixe sind.*“ Die Familienmitglieder wurden als Verbrecher, Huren, Pädophile beschimpft, man drohte, sie mit Schlachtermesser aufzuschlitzen und umzubringen usw., und dies zum Teil täglich. Dass die Familie Angst ausstehen musste, versteht sich von selbst. Dieser Fall zeigt einmal mehr, welch erschreckende Formen der gesellschaftliche „Dialog“ annehmen kann, wenn es um Kreuze bzw. Kruzifixe geht.

Manchmal kaum besser war die Art, wie Vertreter des Staates Italien mit dem „Dialog“ umgegangen sind. Der italienische Verteidigungsminister Ignatio la Russa sagte beispielsweise nach dem ersten Urteil des EGMR in einer Polittalkshow: „Die Kruzifixe bleiben in jeder Klasse, in jeder Schule. Sollen die Gegner doch sterben, sollen sie sterben, sie und all die internationalen Scheininstitutionen, sie zählen rein gar nichts!“[24] Da gab es Bürgermeister, die nach der Jetzt-erst-recht-Manier wo immer es ging weitere Kruzifixe aufhängten, Geldstrafen für alle verordneten, die Kruzifixe abnahmen, und dann auch noch in die Kamera hinein behaupteten, das Kreuz sei ein universelles Friedenssymbol. Und immer wieder das Argument eines angeblich bedrohlichen, feindlichen Islam: „Das Kruzifix ist ein Symbol gegen den Islam“. Komisch – denn gerade Muslime haben gegen Kreuze oft nichts einzuwenden.

Man sollte meinen, dass Vertreter der katholischen Religion im Vatikan, die die Auseinandersetzung mit Sicherheit intensiv verfolgten, die zwischenmenschliche Schärfe, mit der gekämpft wird, verurteilen würden, verträgt sie sich doch kaum mit der Liebes- und Friedensbotschaft,

---

23 Quelle: 3sat: „Kulturzeit“: „Italien gegen Europa – Der Kampf um das Kreuz im Klassenzimmer“ (Sendung von 11/2009), http://www.youtube.com/watch?v=Higx24_gOWs (6/2012); siehe auch: Programmdienst.3sat.de/wspressefahne/Dateien/3sat_Woche4809.txt (11/2009).

24 Ebd.

die angeblich vom Kreuz ausgeht. Dem Autor ist bisher kein Aufruf vonseiten katholischer Würdenträger zu Ohren gekommen, der zu einem konstruktiven Dialog mahnt, um die Würde und Unversehrtheit auch derer zu wahren, die in der Sache anderer Meinung sind.

Das erste Urteil

Das erste Urteil des EGMR erging am 3. 11. 2009. Die sieben Richter der kleinen Kammer befanden einstimmig, dass „der Staat bei Ausübung der von ihm auf dem Gebiet der Erziehung und des Unterrichts übernommenen Aufgaben das Recht der Eltern zu achten“ habe, „die Erziehung und den Unterricht entsprechend ihren eigenen religiösen und weltanschaulichen Überzeugungen sicherzustellen“.[25] Kruzifixe in Klassenzimmern stehen dem entgegen, weil „das Vorhandensein des Kruzifixes in den Klassenräumen nicht zu übersehen sei und von Schülern jeden Alters unschwer als religiöses Symbol wahrgenommen werden könne.“ Der EGMR betonte, dass „das Zeigen eines Symbols, das ‚vernünftigerweise‘ nur mit dem katholischen Glauben in Verbindung gebracht werden könne, in Klassenräumen staatlicher Schulen nicht einer pluralistischen Erziehung diene, wie sie zur Erhaltung einer demokratischen Gesellschaft wesentlich sei.“ Grundlage des Urteils ist, dass „die Freiheit, an keine Religion zu glauben“, von der „Religionsfreiheit der ‚europäischen Menschenrechtskonvention‘ umfasst“ wird und sich nicht „auf das Fehlen von Gottesdienst und Religionsunterricht“ beschränkt. Sie beziehe sich auch auf Handlungsweisen und Symbole, die einen Glauben, eine Religion oder Gottlosigkeit ausdrückten. Diese Freiheit verdiene besonderen Schutz, wenn der Staat dadurch einen bestimmten Glauben zum Ausdruck bringe und der Einzelne in eine Situation gebracht werde, der er nicht oder nur durch unverhältnismäßige Opfer oder Anstrengungen ausweichen könne.“ So weit zur Urteilsbegründung.

25 Zitiert aus: http://www.spiegel.de/schulspiegel/wissen/urteil-kruzifix-im-klassenzimmer-verletzt-religionsfreiheit-a-659041.html (6/2012). Die Urteilsbegründung (franz.) http://www.humanrights.ch/upload/pdf/110411_lautsi_et_autres_c__italie.pdf.

Wie man sich denken kann, erregte das Urteil international die Gemüter. Die Argumente blieben aber weitgehend die gleichen, indem darauf verwiesen wurde, dass die europäische Werteordnung auf dem christlichen Menschenbild beruhe. Monsignore Vincenza Paglia von der italienischen Bischofskonferenz betonte die „erzieherische Funktion", die vom Kreuz ausgehe. In einem Interview in der „Rheinischen Post" führt der Bischof von Regensburg, Gerhard Ludwig Müller[26], am 28. 01. 2010 die katholische Sicht weiter aus, die stellvertretend hier ausführlicher zitiert sei:

> „Nehmen Sie das Kruzifix-Urteil des Europäischen Gerichtshofes für Menschenrechte: eine unerträgliche Position, eine vom Gericht begangene Menschenrechtsverletzung an der Religionsfreiheit der Christen, indem das Kreuz als zentrales Symbol des christlichen Glaubens an die vergebende Liebe Gottes als menschenrechtsverletzend Nichtchristen gegenüber bezeichnet wird. Es wird fälschlicherweise davon ausgegangen, dass der öffentliche Raum reserviert ist für Areligiöse oder Antireligiöse. [...] Von atheistischen Positionen geht keinerlei orientierende, zukunftsweisende Kraft aus. Die Nichtglaubenden essen die Früchte von dem Baum, den sie vorher mit Begeisterung gefällt haben. Der Atheismus ist nur erdacht worden, um die Menschen zur Verantwortungslosigkeit zu erziehen und so leichter ideologisch manipulieren zu können – so könnten wir der flachen Religionskritik entgegenhalten. Es gibt keine atheistisch begründete Ethik."[27]

26 Gerhard Ludwig Müller wurde im Juli 2012 zum Präfekten der Glaubenskongregation ernannt und ist damit einer der einflussreichsten Theologen der katholischen Kirche.

27 http://www.rp-online.de/politik/deutschland/c-parteien-fehlt-christliches-profil-1.2296077 (6/2012).

Der stellvertretende Vorsitzende der CDU/CSU-Bundestagsfraktion Johannes Singhammer sieht im Nichtvorhandensein eines Kreuzes ein Symbol des Nichtglaubens, das alle Gläubigen diskriminiere. Dementsprechend meint er, „das Bekenntnis zum Atheismus darf nicht privilegiert werden."[28] Die europäische Bischofskonferenz weist darauf hin, dass ihrer Ansicht nach „Religionsfreiheit nicht ‚Freisein von Religion' bedeutet."

Erwartungsgemäß positiv wurde das Urteil von humanistischen Vereinigungen aufgenommen, die sich in ihrer Argumentation bestätigt fanden.

Das zweite Urteil

Für das öffentliche Bewusstsein hat das zweite Urteil der großen Kammer des EGMR im März 2011 das erste aufgehoben und nun Kreuze und Kruzifixe in Klassenzimmern erlaubt. Doch ganz so einfach ist es nicht. Richtig ist, dass der italienische Staat in Berufung gegangen ist und damit der großen Kammer ein erneutes Urteil abgerungen hat, in dem die Klage der Beschwerdeführerin mit 17 : 2 Stimmen abgewiesen wurde. Um die Hintergründe dieser drastischen Kehrtwende zu verstehen, reicht es nicht, auf den massiven Druck hinzuweisen, den die emotional aufgeladene Debatte um dieses Thema auf die Richter ausgeübt hat.

Ein Gastbeitrag des Münsteraner Professors für öffentliches Recht Prof. Dr. Christian Walter in der „FAZ", den dieser schon wenige Tage nach dem ersten Urteil am 18. 11. 2009 veröffentlichte,[29] gibt Aufschluss über die rechtliche Zwickmühle, in der sich die Richter in Straßburg befanden. Denn das Urteil der kleinen Kammer war eindeutig laizistisch geprägt, gab also ein deutliches Signal für eine klare Trennung von Staat und Religion bzw. Kirche. Die Situation in den Mitgliedsstaaten ist in

28 http://www.spiegel.de/schulspiegel/wissen/kruzifixurteil-europa-laesst-uns-nur-noch-die-halloween-kuerbisse-a-659297.html (6/2012).

29 http://www.faz.net/aktuell/politik/staat-und-recht/gastbeitrag-die-hoheit-ueber-das-kreuz-1884810.html (6/2012).

dieser Frage jedoch höchst heterogen: „Die Spannbreite reicht von den Staatskirchen in England oder Norwegen bis zur strikten Trennung in Frankreich oder der Türkei, von der Verbannung des Religionsunterrichts aus der staatlichen Schule (Frankreich) bis zu einer verpflichtenden Religionskunde mit Schwerpunkt auf der christlichen Glaubenslehre (Norwegen und Schweden). Der laizistische Tonfall der Kruzifix-Entscheidung (von 2009!) wirft demgegenüber die grundsätzliche Frage auf, inwiefern eine Staatskirche überhaupt noch mit der (europäischen Menschenrechts-)Konvention vereinbar ist", ob also aus der EMRK ein konsequent laizistisches Staatsverhältnis folgt. Das ist, so Chr. Walter, eine Frage, „die wohl kaum von sieben Straßburger Richterinnen und Richtern beantwortet werden kann." Die aber, so möchte man ergänzen, wohl diskutiert werden sollte.

Eine wichtige Komponente in der Begründung des zweiten Urteils der großen Kammer ist entsprechend folgende Einschätzung:

> „Staaten genießen einen Beurteilungsspielraum, wenn es darum geht, ihre Aufgaben auf dem Gebiet der Erziehung und des Unterrichts mit der Achtung des Rechts der Eltern zu vereinbaren, diesen Unterricht entsprechend ihren religiösen und weltanschaulichen Überzeugungen sicherzustellen. Der Gerichtshof hat daher im Prinzip die Entscheidungen der Staaten auf diesem Gebiet zu respektieren, einschließlich des Stellenwerts, den sie der Religion beimessen, sofern diese Entscheidungen zu keiner Form der Indoktrinierung führen. Die Entscheidung, Kruzifixe in Klassenzimmern anzubringen, fällt folglich in den Beurteilungsspielraum des Staates, zumal es in der Frage der Präsenz religiöser Symbole in staatlichen Schulen unter den Mitgliedstaaten des Europarats keine Übereinstimmung gibt."[30]

---

30 http://www.kostenlose-urteile.de/EuropGMR_3081406_EGMR-Kruzifixe-in-Klassenzimmern-staatlicher-Schulen-in-Italien-zulaessig.news11330.htm (6/2012).

Dass eine Indoktrination im konkreten Falle nicht vorliege, begründeten die Richter damit, dass sich ein Einfluss, den ein Kruzifix auf einzelne Schüler ausübe, nicht beweisen lasse; die subjektive Wahrnehmung durch die Antragstellerin reiche hierfür nicht aus. Im Gegensatz zum Karlsruher Kruzifixbeschluss von 1995, der dem Kreuz einen „appellativen Charakter" gegenüber jungen, in ihrem Weltbild noch nicht gefestigten Menschen zusprach, sieht der EGMR im Kruzifix ein „passives Symbol", das nicht mit der Teilnahme an einer aktiven religiösen Handlung zu vergleichen sei.[31]

Interessant sind die abweichenden Meinungen der beiden ablehnenden Richter aus der Schweiz und aus Bulgarien:[32] Die von der EMRK geforderte Gedanken-, Gewissens- und Religionsfreiheit impliziere eine „positive Verpflichtung des Staates, ein Klima der Toleranz und des gegenseitigen Respekts zu schaffen. Mit dem Verweis auf den Mehrheitsglauben sei diese Verpflichtung nicht erfüllt." Zudem stellten die Richter fest, dass

> „die Förderung des Pluralismus in der Bildung grundlegend für die demokratische Gesellschaft ist. […] Das bedeutet nichts anderes, als dass der Staat eine objektive, kritische und pluralistische Bildung anbieten muss. Schulen müssen Begegnungsorte für verschiedene Religionen und philosophische Überzeugungen sein, in denen SchülerInnen Wissen erwerben über verschiedene Denktraditionen. […] Die negative Religionsfreiheit muss auch für die Freiheit von Symbolen gelten und bedarf des besonderen Schutzes, wenn der Staat selbst religiöse Symbole aufhängt. Auch wenn das Kruzifix verschiedene Bedeutungen haben sollte, die religiöse dominiert zweifellos. […] Die Präsenz eines Kruzifixes kann die Religionsfreiheit der Kinder stärker betreffen als zum

31 http://www.tagesschau.de/ausland/kruzifixurteil104.html (6/2012).

32 http://www.echr.coe.int/echr/resources/hudoc/lautsi_and_others_v__italy.pdf (franz.) Übersetzt in: http://www.frei-denken.ch/de/2011/03/egmr-kruzifix-als-passives-symbol-verletzt-das-recht-auf-bildung-nicht/ (6/2012).

Beispiel das Kopftuch einer Lehrerin. Denn Letztere kann sich auf ihre persönliche Religionsfreiheit berufen – die Behörden können das nicht. Die staatliche Neutralität ist durch das Kopftuch weniger betroffen, als wenn der Staat selber Kruzifixe aufhängt."

Deutsche Politik und der Umgang mit der Kreuzfrage

In der politischen Diskussion taucht die Frage nach dem Standpunkt zu Kreuzen in Klassenzimmern regelmäßig auf. Symptomatisch im April 2010, als die designierte Sozialministerin Aygül Özkan, die wenig später als erste türkischstämmige Ministerin in Niedersachsen – als CDU-Politikerin – vereidigt wurde, in einem „Focus"-Interview erklärte, dass die Schule ein „neutraler Ort sein müsse", weswegen Kruzifixe und Kopftücher „in Klassenzimmern nichts zu suchen" hätten. Mit dieser Äußerung trat sie eine Lawine von politischen Kommentaren los, die immer wieder in diesem Zusammenhang geäußert werden, vorrangig von C-Politikern. So stand für den CDU-Generalsekretär Hermann Gröhe das Kreuz für „die prägende Kraft des Christentums in unserer Kultur" und müsse daher im öffentlichen Raum, auch in staatlichen Schulen, „selbstverständlich einen Platz haben".[33] Kein Kind würde dadurch bedrängt, behauptete er. Die Bundestagsabgeordnete Julia Klöckner (CDU) betonte: „Das Christentum beeinflusst unser Denken und Handeln. Diese Verortung sollte auch sichtbar sein; es gibt keinen Grund, das Kreuz zu verstecken."[34] Maria Böhmer, Migrationsbeauftragte der CDU, führte an, dass Kruzifixe „eine jahrhundertealte christliche Tradition in Deutschland" hätten. Die Kreuze seien „Ausdruck unserer Tradition und unseres Werteverständnisses".[35] Der Vorsitzende der niedersächsischen CDU-Fraktion David McAllister,

33 http://www.focus.de/politik/deutschland/ayguel-oezkan-wulffs-neue-erzuernt-die-union_aid_502131.html (6/2012).

34 http://www.online-artikel.de/article/die-unendliche-debatte-um-das-heilige-kreuz-48910-1.html (6/2012).

35 Ebd.

Nachfolger Christian Wulffs als Ministerpräsident Niedersachsens, teilte der Presse mit, dass „das Kreuz aus Sicht der CDU ein Symbol der Toleranz auch gegenüber anderen Religionen“ sei.[36] Interessant ist die Meinung des Zentralrates der Muslime in Deutschland, der sich ausdrücklich für religiöse Symbole in staatlichen Schulen aussprach. Ayyub Axel Köhler meinte dazu wörtlich: „Wir leben in einer zutiefst christlich geprägten Kultur, da sollte die Religion öffentlich sichtbar bleiben.“ Das gelte auch für den Islam und das Kopftuch als ein Zeichen der Religionsausübung muslimischer Frauen. „Wenn wir Religion aus dem öffentlichen Raum verbannen wollen, stellen wir unsere säkulare Verfassung infrage, da sehe ich das Kernproblem.“[37] Christian Wulff, damals noch Ministerpräsident Niedersachsens und selbst Katholik, brachte Aygül Özkan auf Linie und betonte, dass „Frau Özkan akzeptiert, dass in Niedersachsen in den Schulen Kreuze willkommen und gewünscht sind.“[38] Nach dem Medienrummel um ihre Person musste Frau Aygün Özkan aufgrund einiger Drohungen zeitweise unter Polizeischutz genommen werden.[39]

Infolge dieser öffentlichen Auseinandersetzung kam es im April 2010 im niedersächsischen Landtag zu einem Antrag der Fraktion Bündnis 90/Die Grünen: „‚Das Kreuz mit dem Kreuz‘ – für weltanschauliche Neutralität an öffentlichen Schulen!“ mit einigen aussagekräftigen Stellungnahmen, die hier zitiert seien.[40] Der Abgeordnete der Grünen Helge Limburg begründete den Antrag seiner Fraktion. Er fragte zunächst, ob „Werte wirklich durch Symbole vermittelt“ werden, um dann auszuführen:

---

36 Ebd.

37 www.focus.de/politik/deutschland/religioese-symbole-zentralrat-der-muslime-fuer-kreuz-und-kopftuch_aid_502500.html (12/2011).

38 http://www.focus.de/politik/deutschland/auslaender-wirbel-um-oezkan-doch-tuerken-sind-stolz-auf-sie_aid_502537.html (6/2012).

39 http://www.spiegel.de/politik/deutschland/neue-tuerkischstaemmige-ministerin-oezkan-loest-kruzifix-streit-in-der-union-aus-a-691140.html (6/2012).

40 Alle Zitate aus: www.landtag-niedersachsen.de/infothek/steno/steno_16_WP/2010/... (6/2012). Stenografischer Bericht der 70. Sitzung des Niedersächsischen Landtages.

> „Warum ist diese Frage so wichtig? – Sie ist deshalb wichtig, weil unser moderner demokratischer Rechtsstaat durch die zunehmende Pluralität an Religionen und Bekenntnissen vor Herausforderungen gestellt wird. Diese lassen sich am besten meistern, wenn der Staat als solcher die Religionen und Weltanschauungen grundsätzlich gleichbehandelt und sich nicht einseitig mit bestimmten Bekenntnissen gemeinmacht. Meine Damen und Herren, wir haben in Niedersachsen Menschen unterschiedlichster Religionen und Weltanschauungen. Uns eint das Bekenntnis zum deutschen Grundgesetz. [...] In gewissem Maße einen uns auch gemeinsame Werte und Überzeugungen. Uns eint aber nicht – das können wir nicht seriös behaupten – das gemeinsame Bekenntnis zum Christentum. Unsere multikulturelle und multireligiöse Gesellschaft lässt sich am besten gestalten, wenn die Religionen und Weltanschauungen gleichberechtigt geachtet werden."

Ulf Thiele, Mitglied der CDU-Fraktion, betonte: „Trotz der heutigen Pluralität von Kulturen, Lebenswelten und Auffassungen ist unsere Gesellschaft historisch wie aktuell überwiegend durch das Christentum in seinen verschiedenen konfessionellen Ausprägungen geprägt." Und: „In Niedersachsen hat das Kreuz in den Schulen zudem eine zentrale historische und in einigen Regionen daher eine weitere identitätsstiftende Bedeutung." Zudem zitierte er den Landesbischof Friedrich Weber, der nach dem Bundesverfassungsgerichtsurteil im Mai 1995 sich wie folgt geäußert hatte:

> „Der Wirbel um die Entscheidung des Bundesverfassungsgerichts über die bayerischen Schulkreuze hat, jenseits der juristischen Probleme, die Frage nach der Bedeutung des Kreuzes in unserer Kultur aufgeworfen. Handelt es sich um ein religiöses Zeichen von provozierender Unmittelbarkeit, das die in der modernen Gesellschaft gern verdrängten Erfahrungen des Leides, des Todes und der Transzendenz festhält? Oder ist das Kreuz ein Kultursymbol, ein Ausdruck

> abendländischer Identität und historischer Erinnerungen, die zu den Voraussetzungen unseres Daseins auch dann noch gehören, wenn wir uns nicht mehr als Christen bekennen? [...] Das Kreuz ist beides, ein Religionszeichen und ein Kultursymbol."

Christa Reichwaldt als Linke-Landtagsabgeordnete betonte zunächst, dass sie als in ihrer Gemeinde aktive Christin „Vorprägungen in staatlichen Institutionen zum Beispiel durch Kreuze in Klassenzimmern für falsch" hält. Sie verwies in diesem Zusammenhang darauf, dass das Grundgesetz vorgebe: „Es besteht keine Staatskirche." Weiterhin führte sie aus:

> „Ich möchte Kreuze in Schulen nicht – auf der einen Seite wegen des Neutralitätsgebotes des Staates in unserem Grundgesetz, aber auch, weil sie trennend wirken können und damit Integration und Verständnis für andere behindern können, indem eine Glaubensrichtung bevorzugt wird. Immer mehr Kinder aus nicht christlichen Elternhäusern besuchen unsere Schulen. Immer mehr muslimischer oder Unterricht anderer Religionen wird neben evangelischer oder katholischer Religion unterrichtet. Besser als getrennter Religionsunterricht wäre allerdings ein verpflichtender gemeinsamer Ethik- oder Religionskundeunterricht für alle Schüler und alle Glaubensrichtungen. Ich halte eine Diskussion darüber, ob religiöse Symbole insgesamt aus öffentlichen Räumen entfernt werden sollten, für völlig legitim und überfällig. [...] Meine Damen und Herren, ich wünsche mir eine faire und sachliche Diskussion über die Problematik religiöser Symbole in Schulen. Sie ist notwendig."

Streit um den Arbeitskreis Laizismus in der SPD

Immer unüberhörbarer wird im politischen Diskurs gefordert, Räume mit staatlicher Funktion entsprechend der Neutralitätspflicht auch symbolisch neutral zu gestalten. Hinter dieser Entwicklung stehen Forderungen verschiedenster humanistischer Verbände, die Trennung von Staat und Kirche konsequent zu verwirklichen, also Deutschland zu einem laizistischen Staat zu entwickeln.

Neben den Grünen und den Linken ist vor allem die SPD ins Gespräch gekommen, in der ein laizistischer Arbeitskreis gegründet werden soll. Dies wurde von der Bundesparteispitze bisher untersagt. Der Arbeitskreis nennt sich daher „Laizistische Sozis“.[41] Bei ihrem Arbeitstreffen im November 2011 in Roßdorf bei Darmstadt war die Arbeitsgruppe schon auf über 1.000 SPD-Mitglieder angewachsen. Sie verabschiedeten bei diesem Treffen das sogenannte „Roßdorfer Signal“, in dem sehr gut zum Ausdruck kommt, welche politischen Fragen mit dem Streit um Kreuze und damit mit der Laizismusdebatte verbunden sind. Das „Roßdorfer Signal“ sei deshalb zitiert:

> „1. Die Trennung von Staat und Religion ist zusammen mit der Religionsfreiheit eine unverzichtbare Voraussetzung für einen modernen liberalen und demokratischen Rechtsstaat. Religion ist Privatsache; sie muss sich auf den nicht staatlichen Bereich beschränken.
>
> 2. Das derzeitige System der staatlichen Förderung der Religionsgemeinschaften widerspricht dem Verfassungsgrundsatz der staatlichen Neutralität. Die finanzielle Privilegierung sowie die Bevorzugung in anderen gesellschaftlichen Bereichen (u. a. Status als öffentlich-rechtliche Körperschaften, Einzug der Kirchensteuer durch den Staat, Religionsunterricht an staatlichen Schulen, konfessionsgebundene Theologie an staatlichen Hochschulen, Sonderrechte in den öffent-

41 Zum aktuellen Stand der Diskussion siehe: http://www.laizistische-sozis.eu/ (12/2012).

lich-rechtlichen Medien, Subsidiaritätsprinzip im sozialen Bereich zugunsten der Kirchen) sind überholt.

3. Einen besonderen Skandal stellt das kirchliche Arbeitsrecht (‚Dritter Weg') dar. Die Verweigerung von Tarifverträgen und eines Streikrechts für Kirchenbeschäftigte sowie das Verbot von Betriebsräten und die Anerkennung kirchenspezifischer Kündigungsgründe wie etwa die Heirat eines geschiedenen Arbeitnehmers sind verfassungswidrig. Ein demokratischer Rechtsstaat darf einen ‚Staat im Staate' nicht hinnehmen. Arbeitsrechtliche Gesetze müssen auch für die Kirchen gelten.

4. Mit Sorge registrieren wir eine zunehmende Verquickung von Politik und Religion. Nicht zuletzt der Auftritt des Papstes im Deutschen Bundestag ist Beleg für eine Klerikalisierung des politischen Diskurses bei gleichzeitiger Ausgrenzung erheblicher Teile der Bevölkerung wie Konfessionsfreie, Atheisten, Humanisten und Andersgläubige. Wir sind zuallererst Bürgerinnen und Bürger dieses Landes; ob einer Christ, Jude, Muslim, Atheist oder sonst Konfessionsfreier ist, darf in einer säkularen Demokratie keine Rolle spielen.

5. Wir treten für einen laizistisch geprägten Staat ein, den keine gesellschaftliche Gruppe für sich vereinnahmen kann. Wir treten ein für einen Staat, der keine religiösen Zwecke verfolgt und der darauf verzichtet, eine einheitliche politische Gesinnung, einheitlichen Glauben und einheitliche Weltanschauung als seine Grundlage verbindlich zu machen. Die derzeitige Sonderrolle der Religionen in Wertefragen, zum Beispiel in ‚Ethik-Kommissionen', ist weder durch ihre Schriften noch durch ihre Praxis zu rechtfertigen. Wir bekennen uns zu einer autonomen, von den Menschen und zwischen den Menschen selbst bestimmten Ethik, die im Gegensatz zu einer Ethik steht, die von einer äußeren Instanz bestimmt wird, sei diese

> religiös, ideologisch oder politisch motiviert. Wir fordern die Politik und insbesondere die SPD dazu auf, ein modernes Religions- und Weltanschauungsrecht zu entwickeln und auf diese Weise die 1919 stecken gebliebene Trennung von Staat und Religion zu vollenden."[42]

Schulspezifische Forderungen begründen die „laizistischen Sozis" wie folgt:

> „Gesetze und öffentlicher Raum müssen neutral bleiben: [...] Zur Wahrung der weltanschaulichen Neutralität gehören religiöse Symbole nicht in Gerichte, Parlamente, Rathäuser, öffentliche Krankenhäuser, Kindestagesstätten und Schulen sowie Behörden. [...]
>
> Neutrales öffentliches Bildungswesen: Der Religionsunterricht nach Art. 7 GG ist Bekenntnisunterricht. Wir fordern stattdessen, dass alle Schülerinnen und Schüler zum Kennenlernen der verschiedenen Kulturen und Religionen sowie zur Einübung der Toleranz unabhängig von ihrer Herkunft und Religionszugehörigkeit einen Unterricht als Pflichtfach über die ethischen Grundlagen des Zusammenlebens, über die Inhalte der großen Religionen und über die weltanschaulichen Grundlagen unserer Kultur, über Menschenwürde und Menschenrechte – wie in Berlin und Brandenburg – erhalten.
>
> Bis zu einer entsprechenden Änderung der Verfassungen und Gesetze muss parallel zum konfessionellen religions- und weltanschaulichen Unterricht auf allen Schulstufen ein gleichwertiger, neutraler Religionskunde- und Ethikunterricht im Sinne eines Wahlpflichtfaches eingerichtet werden. Religiöse Erziehungsziele für öffentliche Bild-

42 http://www.laizistische-sozis.eu/nachrichten/aktuelles/26-ergebnis-des-2-bundestreffens-13-november-2011 (7/2012).

ungseinrichtungen und Schulen sind in den Landesgesetzen zu streichen.

Schulgebete, Schulgottesdienste und dergleichen in öffentlichen Schulen haben zu unterbleiben. Die Träger der öffentlichen Jugendhilfe bzw. des öffentlichen Schulwesens müssen überall ein ausreichendes Angebot an neutralen Bildungs- und Betreuungseinrichtungen (von der Kinderkrippe bis zur Jugendarbeit) sicherstellen. Ein regionales Religionsmonopol (z. B. eine einzige Kindertagesstätte am Ort in religiöser Trägerschaft) muss unzulässig sein.“[43]

„Das Kreuz ist das Symbol für die christliche Religion schlechthin. […] Damit ist es auch in gewissem Sinne eine ‚In-Besitznahme‘, wie dies bei anderen Symbolen ja auch der Fall ist, man denke an den Bundesadler, eine Landesfahne oder einen Stammtisch-Wimpel im Lokal.

[…] Es sind die christlichen Werte nur ein Teil der in unserer Gesellschaft wichtigen ethischen Grundlagen. Die Abschaffung der Sklaverei, die Demokratie und allgemeines Wahlrecht, Gleichberechtigung der Frau, Meinungs-, Forschungs- und Glaubensfreiheit, ein modernes Scheidungsrecht oder auch die Gleichstellung von Homosexuellen, um nur einige Punkte zu nennen – all diese Errungenschaften unserer heutigen Gesellschaft wurden gegen die Kirchen erkämpft und können deshalb wohl kaum als christliche Werte bezeichnet werden. Daran ändert auch die Tatsache nichts, dass die beiden großen christlichen Kirchen die meisten dieser Errungenschaften heute mittragen oder sogar als ihre eigenen verkaufen.

43 http://www.laizistische-sozis.eu/inhalte-menu/forderungen-politische-ziele (7/2012).

> […] Nur ein glaubensneutraler Staat garantiert die Glaubensfreiheit aller, staatliche Schulen dürfen nicht für einzelne Religionsgemeinschaften missbraucht werden."[44]

Mit diesem Bündel an Forderungen, das man so oder ähnlich in vielen humanistischen Vereinigungen formuliert findet, wird deutlich, dass die „Kreuzfrage" weit mehr beinhaltet als ein Streit um Symbole.

Das Kreuz wirft Fragen auf

Niemand weiß, wie häufig Klassen- und Schulgemeinschaften still und fair mit der Kreuzfrage umgehen; dort aber, wo der Diskurs öffentlich wird, nimmt er allzu schnell Formen an, die mit einem fairen Dialog oft nichts zu tun haben. Lautstarkes Pochen auf Traditionen versucht eine notwendige Diskussion abzuwürgen, die dringlicher wird. Entzündet sie sich am Kreuz, zeigen die Emotionen, dass es um mehr geht als nur um ein „Symbol an der Wand". Es geht um für alle verbindliche Werte.

Christliche Traditionalisten sehen das gemeinsame Band unserer Gesellschaft in ihrer Religion. Sie fordern im Hinblick auf unsere dann stets als „christlich" deklarierten Werte, dem Christentum und damit den kirchlichen Institutionen eine bevorzugte Rolle in unserer Gesellschaft zuzugestehen. Dies oftmals um den Preis, dass manche Privilegien mit anderen Religionsgemeinschaften, im Besonderen mit dem Islam, geteilt werden; man denke zum Beispiel an den islamischen Religionsunterricht.

Laizisten haben die wachsende weltanschauliche Vielfalt im Auge und betonen die Notwendigkeit der weltanschaulichen Neutralität im staatlichen Miteinander. Verbindliche Werte oder Normen müssen dann religions- und weltanschauungsübergreifend, also nicht von einem spezifischen Glaubenssystem abgeleitet werden. Alle Religionen und nicht religiösen Weltanschauungen bleiben dabei wichtig, sie sind aber die persönliche Angelegenheit eines jeden Bürgers: Im staatlichen Miteinander

---

44 http://www.laizistische-sozis.eu/inhalte-menu/meinung/17-kruzifix-klassenzimmer-nils (7/2012).

zählt der freie Meinungsdiskurs, nicht der Einfluss institutionalisierter Religion.

Offensichtlich teilen längst nicht mehr alle Bürger unseres Staates die Ansicht, dass das Kreuz ein Symbol allgemein-verbindlicher Werte unserer Gesellschaft darstellt. Damit werfen Kreuze, wenn sie in öffentlichen Räumen hängen, Fragen auf:

Welche Werte und Normen gelten unabhängig vom Glaubens- oder Nichtglaubensbekenntnis für ausnahmslos alle Bürgerinnen und Bürger dieses Staates? Sind diese Werte historisch dem Christentum zu verdanken? Waren christliche Kirchen treibende Kräfte bei der Etablierung dieser Werte? Wie viel hat die Genese der modernen Wertvorstellungen mit außerchristlichen, zum Beispiel antiken Wurzeln unserer Kultur zu tun, die in der Renaissance beim Übergang vom Mittelalter in die Neuzeit „wiedergeboren" wurden? Welche Rolle spielte hierbei die neuzeitliche Aufklärungsphilosophie und das Erstarken der Naturwissenschaften?

Wie steht es um den christlichen Glauben in der Gegenwart? Wie weit ist die weltanschauliche Pluralisierung fortgeschritten? Was sind überhaupt die spezifisch christlichen Glaubensinhalte und Wertvorstellungen; welche finden sich zwar *auch*, aber nicht *nur* im Christentum und gehören damit zum Komplex kulturübergreifender Werte? Was genau will das Kreuz und damit das Kruzifix ausdrücken? Letztere ist eine Frage, deren Antwort dem Christentum fern Stehenden, bei aller religiösen Bildung, nicht unbedingt bekannt ist.

Hat das Kreuz und damit das Kruzifix das Potenzial, über das Christentum hinaus einen gemeinsamen Wertekonsens zu symbolisieren – auch unabhängig vom christlichen Kontext? Auch für Nichtchristen? Gibt es die reale Chance einer allgemeinen Akzeptanz des Kruzifixes als Kultursymbol über alle Religionen und Weltanschauungen hinweg? Kann es sinnvollerweise auch mit anderem als mit dem Christentum in Verbindung gebracht werden? Ist es überhaupt gerechtfertigt, eine Kultur vorwiegend religiös zu interpretieren, wie dies geschehen würde, wenn ein religiöses Symbol für eine ganze, in diesem Fall unsere Kultur stünde? Oder ist das, was wir Kultur nennen, umfangreicher, und spielen

Religionen hierbei für den einen eine größere und für den anderen eine geringere oder keine Rolle?

Auf die Schule bezogen: Ist das Kruzifix ein passives Symbol, von dem keine missionarische Intention ausgeht und das nicht erzieherisch oder missionarisch wirkt? Gibt es alternative Symbole? Ist es tatsächlich der ausgesprochene oder unausgesprochene Wille der Mehrheit, dass Kreuze in Klassenzimmern hängen? Oder ist vielleicht die Mehrheit indifferent in dieser Frage oder einfach nicht willens, einen Streit in Sachen Kreuz vom Zaun zu brechen?

Abgesehen vom Kreuz im Klassenzimmer: Welche Konsequenzen hätte ein klares Bekenntnis zur weltanschaulichen Vielfalt im Schulgeschehen noch? Die Schule im Kleinen ist ein Lernort für das Miteinander im Großen der nationalen, europäischen, ja globalen Gemeinschaft: Was müsste verändert werden, damit die Schule der Ausdruck einer offenen, pluralen und freiheitlichen Weltgemeinschaft wird? Wie können Rahmenbedingungen geschaffen werden, um mit Jugendlichen die nötigen sozialen Fähigkeiten zu üben?

Eine Laizismusdebatte ist notwendig

Der Streit um Kreuze verweist auf einen anstehenden Diskurs um das Verhältnis von Staat und Religion. Christen, die nicht von einer pluralen und kulturell vielfältigen Weltgemeinschaft, sondern vom geeinten Volk Gottes träumen und die christlich-biblische Weltsicht mit Absolutheitsanspruch vertreten, mögen schon die eine oder andere der gestellten Fragen abweisend zur Kenntnis nehmen. Viele Christen hingegen haben kein Problem, ihre Religiosität mit einem weltoffenen Geist zu verbinden. So ist die Laizismusdebatte auch keine Debatte zwischen Religiösen auf der einen und Atheisten oder Religionskritikern auf der anderen Seite. Es gibt viele überzeugte Christen, die sich ebenso überzeugt für einen laizistischen Staat einsetzen: So macht der Kulturwissenschaftler und Journalist Siegfried Krebs, Mitbegründer des laizistischen Arbeitskreises der Partei Die Linke, in einem Vortrag darauf aufmerksam:

> „Was nun aber ist Laizismus? Interessierte Kreise außerhalb und auch innerhalb unserer Partei denunzierten und denunzieren gerne diesen Begriff als Synonym für Atheismus. Atheismus aber ist der Oberbegriff für Weltanschauungen, die ohne Götter oder andere höhere Wesen auskommen.
>
> Der Begriff Laizismus (auch: Laizität) dagegen beschreibt verfassungsrechtliche Modelle, denen das Prinzip strenger institutioneller Trennung von Kirche und Staat zugrunde liegt.
>
> Der Begriff ‚Laizismus' (laïcité) ist eine 1871 geprägte Wortschöpfung des französischen Pädagogen und Friedensnobelpreisträgers – und Katholiken – Ferdinand Buisson, der sich seinerzeit für einen religionsfreien Schulunterricht einsetzte. Der Begriff geht auf den griechischen Begriff ‚laikos' = zum Volk gehörig zurück."[45]

Nicht von ungefähr ist sowohl ein evangelischer Theologe, Peter Franz, als auch eine bekennende Katholikin, Ilka Lohmann, Mitbegründerin des Thüringer Arbeitskreises für Laizismus der Partei Die Linke. In seinem Thesenpapier zur Notwendigkeit einer laizistischen Verfassung schreibt Peter Franz:

> „Glauben ist eine Form der Überzeugung, die jede Koppelung an eine Machtausübung ausschließt. Weil jeder Staat Macht ausübt, muss diese Macht ihre Grenze haben gegenüber den Glaubensüberzeugungen der Menschen. […] Der laizistische Staat wird auch eine Befreiung der religiös orientierten Bevölkerung von glaubensfernen Bindungen mit sich bringen."[46]

45 http://www.die-linke-thueringen.de/fileadmin/LV_Thueringen/dokumente/Laizismus_als_Staatsprinzip.pdf (6/2012).

46 http://www.die-linke-thueringen.de/fileadmin/LV_Thueringen/dokumente/Thesen_zur_Notwendigkeit_einer_laizistischen_Verfassung.pdf (6/2012).

Wie auch immer man zu einem laizistischen Staatsmodell steht – es ist einer Demokratie nicht würdig, die Laizismusdiskussion im Keim ersticken zu wollen. Wir brauchen eine Laizismusdebatte, und deshalb wird sie auch geführt werden. Die Frage ist nur, wie!

Wofür das Kreuz steht

Symbole im Vergleich: Die Flagge der Vereinten Nationen und das Kruzifix

Der UNO gehören fast alle Nationen dieser Erde an, die dadurch ihre grundsätzliche Bereitschaft ausdrücken, den Weltfrieden zu sichern, Menschenrechte zu schützen, mit den Umweltressourcen nachhaltig umzugehen und die internationale Zusammenarbeit zu fördern – wie weit auch immer diese Bereitschaft im politischen Alltag reicht. Mit der Flagge der UNO sollen diese Anliegen symbolisiert werden. Sie wurde 1947 zum offiziellen Kennzeichen der UNO erklärt. Wie wird der weltweite Friedenswunsch hier versinnbildlicht?

Die Flagge zeigt auf blauem Tuch in Weiß die Erde mit den von Menschen bewohnten Kontinenten. Die Erde wird von zwei Olivenzweigen umrandet. Im Zentrum der Darstellung aller Kontinente steht der unbewohnte Nordpol, um den sich die Länder der Erde scharen: Keinem kommt eine Vorrangstellung zu. Die Olivenzweige stehen für Leben und Frieden und damit Werte, die die ganze Erde einen sollen. Die Farbe Weiß beinhaltet die gesamte Farbenvielfalt, so, wie das Gemeinsame der Kulturen der Welt jede Farbnuance der einzelnen Kulturen in sich aufnimmt. Eingebettet ist die Erde in ein Himmelblau, wie der Himmel von jedem Punkt der Erde im Licht der Sonne blau erscheint. Auch ohne nähere Hintergründe über Geschichte und Anliegen der Vereinten Nationen zu kennen, transportiert das Flaggensymbol somit eine positive Botschaft, wodurch sich grundlegende Anliegen der Vereinten Nationen erschließen können: Das Symbol spricht für sich.

Und das Kruzifix …? Man stelle sich einmal vor, ein Mensch, der keinerlei Ahnung vom Christentum hat, kommt an ein Kruzifix und liest darunter: „Willst du Gottes Liebe sehen, musst du zu dem Kreuze gehen“. Oder beispielsweise: „Im Kreuz ist Heil“. Oder: „Im Kreuz ist Kraft“. Man muss wegen der Gewöhnung an die Brutalität der dargestellten Szene daran erinnern, dass der Tod durch Kreuzigung eine der widerlichsten und erniedrigendsten Exekutionen darstellt, die je erdacht wurden. Sie spielten sich zudem vor aller Augen ab und wurden bewusst zur Abschreckung und Demütigung von Aufrührern in der römischen Antike eingesetzt. Im frühen Christentum waren Kruzifixe auch nicht das Symbol der Wahl. Hierzu dienten beispielsweise Fischzeichen. Wie kann man vor diesem Hintergrund verstehen, dass unlängst bei der Einweihung eines Wegkreuzes die Initiatoren davon sprachen, dass Kreuze eine besonders „schöne Landschaftszierde" darstellen?

Es ist möglich, das Kreuz – ohne Korpus – auch symbolisch zu deuten: Der waagerechte Balken als Sinnbild für den Horizont steht für die irdischen Verhältnisse, der senkrechte Balken entsprechend für die Verbindung von oben und unten. In dieser Weise ist es auch in anderen Kulturen als Symbol eingegangen. Im Zusammenhang mit dem Christentum wird man aber kaum behaupten wollen, das Kreuz solle nicht auf die Kreuzigung Jesu Christus hinweisen und damit das Zentrum des christlichen Glaubens symbolisieren.

Katholische Glaubenswahrheiten

Was aber ist das „Zentrum des christlichen Glaubens" – zumindest aus katholischer Sicht? In der öffentlichen Diskussion wird das Christentum gerne als die „Religion der Nächstenliebe" bezeichnet. Ohne zu leugnen, dass viele Christen aus diesem Ideal heraus leben und dabei sehr Anerkennenswertes für das Gemeinwesen leisten, muss man darauf verweisen, dass eine altruistische Lebensweise, wie auch immer sie im Einzelnen begründet und in Worte oder Bilder gebracht wird, keineswegs ein Spezifikum des Christentums darstellt, sondern im Zentrum der meisten Religionen und ethischen Philosophien steht. *Spezifisch* für das Christentum ist die heilsgeschichtliche Interpretation des Kreuzestodes Jesu von Nazareth als Liebestat Gottes. Und die ist ohne die Annahme einer Erbsünde nicht zu verstehen. Die Erbsündenlehre verbunden mit der Lehre vom Sühneopfer Christi macht das Besondere des christlichen Menschen- und Weltbildes aus, das weder das Judentum noch der Islam, die beide die Paradiesgeschichte in ihren heiligen Büchern erzählen, kennen.

In der öffentlichen Diskussion wird auf diesen Zusammenhang interessanterweise selten Bezug genommen. Doch nur so wird verständlich, warum vor allem katholischen Christen so sehr daran gelegen ist, das Kreuzzeichen im öffentlichen Raum möglichst sichtbar zu machen. Denn mit der Heilsgeschichte verbunden ist der göttliche Auftrag, „aller Welt das Evangelium zu verkünden", in dem die Kirche ihrem Selbstverständnis nach handelt.

Um die christlichen Glaubensinhalte möglichst kompetent darzustellen, sei etwas ausführlicher aus dem „Katechismus der katholischen Kirche" zitiert. Er wurde in der benutzten Fassung im Anschluss an das Zweite Vatikanische Konzil (1962–1965) formuliert. Dieses Konzil markierte die Öffnung der katholischen Kirche für die Moderne, indem es beispielsweise die Religionsfreiheit in der bürgerlichen Staatsordnung guthieß und einen verstärkten Dialog mit Andersgläubigen befürwortete. Der Katechismus wurde unter anderem für alle diejenigen geschrieben, die „kennenlernen möchten, was die katholische Kirche glaubt" (Papst Johannes Paul II.).[47] Daher ist es wohl angemessen, mit Zitaten aus dem Katechismus das (katholisch-)christliche Welt- und Menschenbild darzustellen.

Die christliche Heilsgeschichte beginnt hier mit der Beschreibung des paradiesischen Urzustandes des Menschen. Aus christlicher Sicht nimmt „der Mensch [...] in der Schöpfung eine einzigartige Stellung ein: Er ist ‚nach Gottes Bild' geschaffen; in seiner Natur vereint er die geistige mit der materiellen Welt."[48] Damit wird dem Menschen eine

47 „Katechismus der katholischen Kirche", deutsche Ausgabe, Oldenbourg Verlag, München, Libreria Editrice Vaticana 2005, S. 34. Alle Zitate aus dem Katechismus dieser Ausgabe. Die Zahlen weisen auf die Abschnittsnummern im Katechismus.

48 Ebd., Nr. 355.

herausgehobene Stellung in der Natur zugesprochen, indem es heißt: „Von allen sichtbaren Geschöpfen ist einzig der Mensch fähig, seinen Schöpfer zu erkennen und zu lieben; er ist auf Erden das einzige Geschöpf [...], das Gott um seiner selbst willen gewollt hat; er allein ist berufen, in Erkenntnis und Liebe am Leben Gottes teilzuhaben. Auf dieses Ziel hin ist er geschaffen worden, und das ist der Hauptgrund für seine Würde.“[49] Daraus folgen eine Zweckbestimmung der Natur und eine Sinngebung des menschlichen Lebens: „Gott hat alles für den Menschen erschaffen, aber der Mensch selbst ist erschaffen worden, um Gott zu dienen, ihn zu lieben und ihm die ganze Schöpfung darzubringen.“[50]

Die Dramatik der christlich-biblischen Heilsgeschichte nimmt ihren Ausgangspunkt darin, dass der „Einklang *(des ersten Menschen)* mit sich selbst und der ihn umgebenden Schöpfung“[51] nicht lange anhält, denn „diese ganze Harmonie der Urgerechtigkeit, die der Plan Gottes für den Menschen vorgesehen hatte, ging durch die Sünde unserer Stammeltern verloren.“[52] Es kommt zum Sündenfall: „Vom Teufel versucht, ließ der Mensch in seinem Herzen das Vertrauen zu seinem Schöpfer sterben, missbrauchte seine Freiheit und gehorchte dem Gebot Gottes nicht.“[53] Damit veränderte sich die Natur des Menschen, der fortan „der ursprünglichen Heiligkeit und Gerechtigkeit ermangelt“[54] – ein Zustand, der durch „die Fortpflanzung an die ganze Menschheit weitergegeben wird.“[55] Der Katechismus spricht davon, dass der Mensch im Zustand der Erbsünde geboren wird, und es wird betont: „Zu übersehen, dass der Mensch eine verwundete, zum Bösen geneigte Natur

49 Ebd., Nr. 356.
50 Ebd., Nr. 357.
51 Ebd., Nr. 374.
52 Ebd., Nr. 379.
53 Ebd., Nr. 397.
54 Ebd., Nr. 404.
55 Ebd., Nr. 404.

hat, führt zu schlimmen Irrtümern im Bereich der Erziehung, der Politik, des gesellschaftlichen Handelns und der Sittlichkeit."[56]

Nur vor dem Hintergrund der Erbsünde wird verständlich, worin die Erlösungstat Christi aus katholischer Sicht besteht. Denn: „Durch seinen Gehorsam bis zum Tod wurde Jesus zum leidenden Gottesknecht, der stellvertretend sein Leben als Sühneopfer hingab. [...] Jesus hat unsere Sünden wiedergutgemacht und Gott dem Vater für sie Genugtuung geleistet."[57] Das hebt ihn aus katholischer Sicht über alle anderen Religionsstifter und Propheten: „Der Kreuzestod ist das einmalige Opfer Christi, des einzigen Mittlers zwischen Gott und den Menschen."[58]

Damit ist die zentrale Gestalt des Christentums aus dieser Sicht nicht einfach ein prophetischer Gottesoffenbarer, als den ihn auch der Islam anerkennt, oder ein charismatischer Verkünder einer Liebesethik, als der er gerne gesehen wird. Das Entscheidende ist sein leidvolles Ende

---

56 Ebd., Nr. 407. Die Anthropologie der Erbsünde steht im Widerspruch zum Menschenbild der modernen Biologie. Evolutions- und Hirnforschung zeigen auf, dass ein wesentlicher Faktor, der die Evolution zum modernen Menschen bestimmt hat, die Verbesserung der sozialen Kooperation war. Beispielsweise formuliert der Autor, praktizierende Arzt und Professor am Uniklinikum Freiburg Joachim Bauer in einem Interview mit der „Frankfurter Rundschau": „Der Mensch ist kein von spontaner, triebhafter Aggression getriebenes Wesen. Schon Charles Darwin hat den sozialen Instinkt als stärkste Triebkraft des Menschen erkannt. [...] Wäre es anders, hätten wir als Spezies nicht überlebt. Über die längste Zeit seiner Evolution war der Mensch kein Jäger, sondern ein gejagtes Wesen, unsere Vorfahren mussten kooperieren. [...] Die Aggression ist ein biologisch verankertes Verhaltensprogramm, das – bei näherer Betrachtung – im Dienste guter zwischenmenschlicher Beziehungen steht. Ohne Bindungen zu leben, einsam oder ausgegrenzt zu sein, war für den Menschen seit jeher lebensgefährlich. Daher reagiert das menschliche Gehirn in einer solchen Situation mit dem Notfallprogramm der Aggression." Quelle: http://www.fr-online.de/-auf-ungerechtigkeit-reagiert-unser-gehirn-mit-ekel-/1472788,8302712,view,asFirstTeaser.html (2/2013). Siehe auch: Joachim Bauer: „Egoismus oder Altruismus?", http://www.psychotherapie-prof-bauer.de/ (2/2013).

57 „Katechismus der katholischen Kirche", Nr. 615.

58 Ebd., Nr. 618.

am Kreuz, sein Opfer aufgrund der postulierten Sündhaftigkeit der Menschennatur. Genau deshalb symbolisiert das Kreuz und mehr noch das Kruzifix die zentrale Botschaft des Christentums. Das heißt aber auch, dass die Botschaft des Kreuzes ohne die Erbsündenlehre nicht denkbar ist: „Die Lehre von der Erbsünde ist gewissermaßen die ‚Kehrseite' der frohen Botschaft, dass Jesus der Retter aller Menschen ist, dass alle des Heils bedürfen und dass das Heil dank Christus allen angeboten wird. Die Kirche, die den Sinn Christi hat, ist sich klar bewusst, dass man nicht an der Offenbarung der Erbsünde rühren kann, ohne das Mysterium Christi anzutasten."[59]

Damit wird deutlich, warum für das Selbstverständnis der katholischen Kirche das Christentum nicht eine Religion unter anderen darstellt, die jede auf ihre Weise den Gläubigen mit seiner göttlichen Dimension „rückbindet" („religio", wörtlich: die „Rückbindung"); weshalb sie also von ihrem göttlichen Auftrag überzeugt ist, „der ganzen Schöpfung das Evangelium"[60] zu verkünden. Ja sie sieht die Kirche, womit wohl die katholische Kirche gemeint ist, schon seit „dem Ursprung der Welt vorausgestaltet: [...] Die Kirche ist das Ziel aller Dinge. Wie Gottes Wille ein Werk ist und Welt heißt, so ist seine Absicht das Heil der Menschen, und dieses heißt Kirche."[61] Logisch folgerichtig ist die Kirche, damit sie dieses Ziel erreicht, „ihrer Natur nach missionarisch, von Christus zu allen Völkern gesandt, um alle Menschen zu Jüngern zu machen"[62], damit letztendlich „das ganze Menschengeschlecht ein einziges Volk Gottes bilde."[63]

Das Zweite Vatikanische Konzil hatte die formale Anerkennung der Religionsfreiheit gebracht. Ein Miteinander der Religionen und Weltanschauungen auf Augenhöhe beinhaltet diese Anerkennung allerdings nicht, wie schon aus obigen Zitaten erkennbar ist. Im

59 Ebd., Nr. 389.

60 Ebd., Nr. 748.

61 Ebd., Nr. 760.

62 Ebd., Nr. 767.

63 Ebd., Nr. 776.

Katechismus wird dies noch deutlicher, denn wie sieht die katholische Theologie ihr Verhältnis zu anderen Religionen? Hierzu heißt es: „Die Kirche anerkennt bei den anderen Religionen, dass sie, wenn auch erst in Schatten und Bildern, nach Gott suchen. Er ist ihnen noch unbekannt, aber doch nahe.“[64] Dadurch sieht sich die Kirche zur Mission aufgefordert: „Die Mission [...] beginnt mit der Verkündigung des Evangeliums an die Völker und Gruppen, die noch nicht an Christus glauben. [...] Sie erfordert einen Vorgang der Inkulturation, durch den das Evangelium in den Kulturen der Völker eingepflanzt wird. [...] Was die Menschen, Gemeinschaften und Völker anbelangt, so berührt und durchdringt sie diese nur schrittweise, und nimmt sie so in die katholische Fülle auf.“[65] Das Recht zu dieser „Inkulturation“ nimmt sie aus ihrer Überzeugung, dass sie „der Ort [ist], an dem die Menschheit ihre Einheit und ihr Heil wiederfinden soll.“[66] Alle die aber, die nicht „durch den Glauben an Christus und die Taufe“[67] in die Kirche „eintreten oder in ihr ausharren wollen“, können „nicht gerettet werden“.[68]

In ihrer göttlichen Sendung übernehmen Christen aus Sicht des Katechismus Menschen anderer Weltanschauungen gegenüber quasi eine gottgewollte kulturelle Führungsrolle: „Das Gottesvolk hat auch an der königlichen Funktion Christi Anteil. [...] Für den Christen bedeutet Christus zu dienen ‚König sein‘. [...] Alle, die in Christus wiedergeboren sind, macht das Zeichen des Kreuzes zu Königen.“[69] Nachdem in Europa die Zeit der starken Monarchien endete und Staaten mit liberal-demokratischen Verfassungen entstanden, führte Papst Pius XI. 1925 das Christkönigsfest ein, mit dem die katholische Kirche seither das Kirchenjahr abschließt. „Es betont die wahre Königsherrschaft Christi, die Jesus nach der Bibel beansprucht (z. B. Mt 27,11), und richtet sich

64 Ebd., Nr. 843.
65 Ebd., Nr. 854.
66 Ebd., Nr. 845.
67 Ebd., Nr. 782.
68 Ebd., Nr. 846.
69 Ebd., Nr. 786.

damit gegen den Säkularismus und Laizismus einerseits, aber auch gegen Theokratie und Absolutismus“[70], wie im „Domradio“ des Erzbistums Köln 2006 erläutert wird. Der kulturelle Absolutheitsanspruch des Christentums könnte kaum einen deutlicheren Ausdruck finden.

Wie ist der gläubige Katholik in das heilsgeschichtliche Geschehen eingebunden? Hier hat sich in der pastoralen Verkündigung der letzten Jahrzehnte ein bedeutungsvoller Wandel vollzogen, auf den eine Studie des Religionssoziologen Michael Ebertz aufmerksam macht.[71] Anhand katholischer Predigtvorlagen der vergangenen 150 Jahre beschreibt er den Wandel des Gottesbildes und der davon abgeleiteten Jenseitsvorstellungen, der auch verständlich macht, warum die Dramatik der katholischen Glaubensvorstellungen dem heutigen Laienkatholik weniger präsent ist, als dies noch in den 1950er-Jahren der Fall war. Bis dahin galt: „Mit dem Tod [...] müsse sich der Mensch unmittelbar dem Richterspruch Gottes unterwerfen. Gott erweist sich in diesem Moment nicht als umfassend gnädig, sondern als gerecht. Er teile den Seelen den jeweils angemessenen Jenseitsstatus zu: Hölle, Fegefeuer (inklusive Hoffnung auf Reinigung von der Sündenschuld) oder Himmel – die möglichen Alternativen waren klar und in ihrer Endgültigkeit unbarmherzig. [...] Der Himmel wurde als ein positives und knappes Heilsgut skizziert, das nur wenigen vorbehalten sei. Einigen, wenn nicht gar der Mehrheit der Menschen blieb in der Vorstellungswelt der katholischen Predigt nur die Hölle mitsamt ihren Qualen.“ Diese Vorstellungen prägten das katholische Glaubensleben, denn „nur über die Beichte und das von der Kirche verwaltete Bußsakrament wie auch über ein gottgefälliges und sündenfreies Leben konnte man sich dem Himmel nähern.“

70 http://www.domradio.de/nachrichten/2006-11-25/katholiken-feiern-am-sonntag-das-christkoenigsfest, (12/2012).

71 Michael Ebertz, Die Zivilisierung Gottes. Der Wandel von Jenseitsvorstellungen in Theologie und Verkündigung, Ostfildern 2004. Zitiert ist die Zusammenfassung von Thomas Großbölting, Der verlorene Himmel. Glaube in Deutschland seit 1945, Göttingen 2013, S. 170.

Mitte des 20. Jahrhunderts nahm die Nennung der Hölle und des Fegefeuers in den Predigtvorlagen ab. Der einstige Heilspessimismus verkehrte sich in sein Gegenteil: „Die Liebe des Vaters, das ist Jesus Christus. In ihm sind wir Kindergottes geworden, in ihm ist uns Heil geschenkt […]. Das ist das Erste: Gott heiligt uns. Vor unserer Entscheidung für Gott steht Gottes Entscheidung für uns. Er will unser Heil. Und er wird es vollenden. Das ist unsere Hoffnung."[72] Hölle und Fegefeuer wurden von der Kanzel her nicht mehr verkündet. Das „ursprünglich knappe bzw. sozial geschlossene Heilsgut des Himmels für wenige hat sich dabei […] zum offenen Heilsgut für alle gewandelt."[73] „Die eschatologisch geprägte Zeichnung Gottes als eine Instanz, die strafen und begnadigen kann, wich damit der Vorstellung eines liebenden, sanften All- und Immererbarmers."[74] Damit präsentiert sich in der katholischen Verkündigung seit den 1960er-Jahren eine hoffnungsvoll anmutende Außenansicht der katholischen Glaubenswelt. Das Studium des Katechismus zeigt aber, dass die dogmatische Innenstruktur des Glaubens hierdurch nur einen schönen Anstrich erfahren hat.

Soweit seien die „Glaubenswahrheiten" zusammengefasst, die sich im Symbol des Kreuzes verdichten. Es wird verständlich, wie ein Christ sagen kann: „Im Kreuz ist Heil". Allerdings: Lässt sich das auch für Nichtchristen ohne den Bezug zur biblischen Sicht auf den Gang der Welt nachvollziehen? Wohl kaum.

Will man die Eignung des Kreuzes als Zeichen abendländischer Werte im öffentlichen Raum beurteilen, stellen sich folgende Fragen:

- Ist es möglich, die Bedeutung des christlichen Kreuzes oder gar Kruzifixes von dem heilsgeschichtlichen Hintergrund, der Geschichte von Sündenfall, Erbsünde,

72 Ebertz, Die Zivilisierung Gottes, zitiert nach Großbölting, Der verlorene Himmel, S. 171.

73 Michael Ebertz, Tote haben (keine) Probleme, in: Luzian Hölscher (Hrsg.), Das Jenseits, Göttingen 2007, zitiert nach Großbölting, Der verlorene Himmel, S. 171.

74 Ebd., S. 171.

Sühnetat Christi und der einzig menschheitserlösenden Kirche zu trennen?

- Ist die Vision, einem übernationalen Gottesvolk anzugehören, ein geistiges Band, das Europa, ja der ganzen Welt eine gemeinsame Identität auch in Zukunft geben kann? Oder steht hierfür eher der Blick auf die Formulierung der Menschenrechte, beispielsweise symbolisiert in der Flagge der UNO?
- Wird das christliche Menschen- und Weltbild dem Anspruch gerecht, Nährboden derjenigen Werte zu sein, die unsere Gesellschaft geistig und geschichtlich begründet haben; oder gibt es andere, möglicherweise gewichtigere Wurzeln unserer Werte?
- Kann ein Symbol, in dem der Absolutheitsanspruch der katholischen Kirche und ihr klares Bekenntnis zur Mission Andersdenkender zum Ausdruck kommt, Garant für kulturellen Frieden in einer weltanschaulich bunter werdenden Gesellschaft sein?

Die Prägekraft des Christentums auf dem Prüfstand

Immer wieder war in den letzten Jahren von einer „Rückkehr der Religionen“ zu hören, von einem Wiedererstarken des Christentums; in religiösen Kreisen wird gar von einer „postsäkularen Moderne“ gesprochen, um den Eindruck zu erwecken, es sei wieder „en vogue“, sich „zum Glauben zu bekennen“ und die Bedeutung – vornehmlich der christlichen – Religion zu bekräftigen. Alles Propaganda?

So melden sich andererseits humanistische Verbände zu Wort, die der wachsenden Zahl konfessionsfreier Bürger politisches Gehör verschaffen wollen, mit dem Argument, dass die Zahl Konfessionsfreier seit einigen Jahren die der Katholiken oder Protestanten in diesem Land überflügelt habe, ohne dass dieser Gruppe im politischen Geschehen, beispielsweise in Ethikkommissionen, gleiches Mitspracherecht eingeräumt werde. Mit diesem Anliegen organisiert sich zum Beispiel die Giordano-Bruno-Stiftung.

Doch was steckt hinter dem „statistischen Argument“, bezeichnen sich doch nicht alle Konfessionsfreien gleich als Atheisten (was auch immer man darunter verstehen mag)? Andererseits: Wie steht es um die sogenannten „Taufscheinchristen“, die die Zahlen der Konfessionellen füllen, einfach weil sie von Kindesbeinen an getaufte Kirchenmitglieder sind, ohne sich mit christlichen Glaubensinhalten besonders zu identifizieren oder regelmäßig einen Gottesdienst zu besuchen?

Es mag vermessen erscheinen, über die christlich-religiöse Befindlichkeit ganzer Nationen, wie hier Deutschlands, etwas aussagen zu wollen, und natürlich ist dies nur unter Vorbehalt möglich. Doch liegen im Besonderen mit dem Religionsmonitor der Bertelsmann Stiftung Zahlen vor, die es lohnt, in diesem Zusammenhang zur Kenntnis zu nehmen. Der Religionsmonitor bietet zudem den Vorteil, dass die wesentlichen Publikationen, Zahlen und Anliegen, die mit den Befragungen verbunden sind, online abgerufen werden können und jeder die ca. hundert Fragen durchklicken kann, um sich selbst in diesem Zusammenhang religiös zu verorten.[75] Es ist interessant, was sich aus den statistischen Erhebungen zur religiösen Befindlichkeit Deutschlands herauslesen lässt!

Religiöse Demografie

Es sei mit einem aktuellen Blick auf die Mitgliederzahlen der Religionsgemeinschaften begonnen. Die größten religiösen Konfessionen sind die evangelischen Landeskirchen, der 29,3 %, und die römisch-katholische Kirche, der 29,2 % der Deutschen angehören. Sie werden deutlich übertroffen von der Zahl der Konfessionsfreien, die 37,2 % der Bevölkerung stellen.[76] Eine größere religiöse Gruppe bilden die Muslime mit weniger als 2,3 % der Bevölkerung. Alle anderen religiösen Gruppierungen bleiben deutlich unter 1 % bzw. bilden kleine bis kleinste Minderheiten.[77]

Dramatisch wirken diese Zahlen erst, wenn man ihre Entwicklung in der jüngeren Geschichte im Auge hat. Bei Gründung der Bundesrepublik (nur Westdeutschland ist berücksichtigt) gehörten

75 http://religionsmonitor.com/ (12/2012).

76 Siehe: http://fowid.de/fileadmin/datenarchiv/Religionszugehoerigkeit/Religionszugehoerigkeit_Bevoelkerung_1970_2011.pdf (12/2012), fowid = Forschungsgruppe Weltanschauungen in Deutschland, Quellen: Statistisches Bundesamt, Angaben der Kirchen und weitere Informationen.

77 Buddhisten beispielsweise 0,3 %, Juden 0,24 %, Zeugen Jehovas 0,2 %, Hindus 0,11 %, Scientology 0,01 % (REMID). Größere Abweichungen vom Gesamtbild verteilen sich auf Deutschland wie folgt: Katholische Mehrheiten finden sich in Bayern (55,6 %), im Saarland (64,1 %), in Rheinland-Pfalz (45,7 %) und Nordrhein-Westfalen (42 %), evangelische in Niedersachsen (50,2 %) und Schleswig-Holstein (53,8 %). Hohe Zahlen konfessionsfreier Menschen finden sich erwartungsgemäß in den neuen Bundesländern, sodass man grob von einem eher katholischen Süden (mit Ausnahme von Baden-Württemberg mit durchschnittlichen Zahlen), einem eher evangelischen Norden und einem eher konfessionsfreien Osten sprechen kann. Zahlen finden sich unter anderem in: Wikipedia: Religionen in Deutschland, http://de.wikipedia.org/wiki/Religionen_in_Deutschland (12/2012).

96,4 % der Bevölkerung einer der beiden Großkirchen an.[78] Bis 1970 änderte sich daran wenig, wobei erstmals Konfessionsfreie gelistet wurden, die 3,9 % der Bevölkerung ausmachten. Vor der Wende (1987) ist die Gruppe der Konfessionsfreien auf 11,4 %, nach der Wende (1990) auf 22,4 % angewachsen, während Muslime mit 2,7 % bzw. 3,7 % nach der Wende als größere Gruppierung ausgewiesen sind. Seit 2003 haben wir mehr Konfessionsfreie als Mitglieder einer der beiden Großkirchen.[79] Die zukünftige Entwicklung dieser Zahlen betreffend heißt es bei der „Forschungsgruppe Weltanschauungen in Deutschland" (fowid): „Kein Zweifel herrscht unter Fachleuten – auch kirchlichen – darüber, dass etwa um 2025 die Mehrheit der bundesdeutschen Bevölkerung keiner der beiden großen Kirchen mehr angehören wird."[80]

Der Religionsmonitor der Bertelsmann Stiftung

Nun ist die Mitgliedschaft in einer Konfession das eine, die Ausrichtung des Lebens auf die Glaubensinhalte dieser Konfession etwas ganz anderes. Wie steht es also mit der Bedeutung des christlichen Glaubens in unserer Gesellschaft? Hierüber gibt der Religionsmonitor der Bertelsmann Stiftung Auskunft. Für Aufbau und Analyse des Religionsmonitors spielen religionspsychologische Ansätze eine tragende Rolle.[81] Spannend ist, dass nicht primär nach Glaubens*inhalten* gefragt wird. Vielmehr wird die religiöse Lebenshaltung bezüglich sechs wesentlicher Dimensionen

78 Quelle fowid, siehe oben.

79 Demografisch interessant: Ein Anwachsen bzw. Schrumpfen der Bevölkerung spielt nur unwesentlich in die Zahlen hinein: Seit 2002 sind die Einwohnerzahlen Deutschland leicht rückläufig.

80 Quelle: http://fowid.de/fileadmin/datenarchiv/Religionszugehoerigkeit_Bevoelkerung__1950-2008.pdf (12/2012).

81 Wenn nicht anders angegeben, finden sich die Ergebnisse, auf die hier Bezug genommen wird, im Kurzbericht zu ersten Ergebnissen des Religionsmonitors von Stefan Huber und Constantin Klein, 2008. Siehe: http://www.bertelsmann-stiftung.de/bst/de/media/xcms_bst_dms_23407_23408_2.pdf (12/2012).

des Religiösen erfasst: Das ist der Intellekt, der Glaube, öffentliche und private religiöse Praxis, die religiöse Erfahrung und ihre Konsequenzen im Alltag.

Noch interessanter ist, dass zwei sehr unterschiedliche, als religiös bezeichnete Lebenshaltungen gemeinsam erfasst werden. Die Erste ist gut bekannt: „In einer theistischen Semantik wird Transzendenz in der Gestalt eines *Gegenübers* konstruiert, das im Gebet ansprechbar und in der Lebenspraxis als ein sich mitteilendes und eingreifendes *Du* erfahrbar ist. Die religiöse Basissemantik erhält dadurch eine dialogische Struktur [das heißt das Gebet; der Autor]. Auf der ideologischen Ebene bildet sich dies im Gebrauch des Symbols *Gott* ab." Diese Beschreibung einer religiösen Haltung charakterisiert auch das christliche Religionsverständnis.

Ebenfalls als religiös wird aber eine zweite, grundsätzlich andere Haltung der Welt gegenüber verstanden, die als „pantheistisch" charakterisiert wird: „Demgegenüber wird bei einer pantheistischen oder monistischen Konstruktionsweise die Transzendenz eher in der Gestalt eines alles durchdringenden Prinzips wahrgenommen, das in Kontemplation oder Meditation zugänglich ist und mit dem das Individuum eins werden kann. Entsprechend erhält die religiöse Basissemantik eine partizipative Struktur [meditatives Einswerden mit der Welt; der Autor]. Auf der ideologischen Ebene wird eher von ‚etwas Göttlichem' gesprochen."[82] Diese Haltung charakterisiert eine „Religiosität", die weniger auf „göttliche Offenbarungen", sondern auf meditative Praxis und innere Einsicht aufbaut.

Der Religionsmonitor erfasst also mehr als das traditionelle Religionsverständnis. Und das ist notwendig, wenn man bedenkt, dass seit den 1970er-Jahren asiatische Religionsformen, wie beispielsweise der Buddhismus, auf großes Interesse stoßen. Gerade Meditationsformen wie die Zen-Meditation oder eine asiatische Praxis wie das Yoga sind heute selbstverständliche Ausdrucksformen von Spiritualität. Auch universitär

82 Inwiefern eine pantheistische Sicht, wie man sie beispielsweise bei Einstein oder Goethe findet, wirklich ein „transzendent Göttliches" und nicht eher ein „immanent Göttliches" benennen will, sei einmal dahingestellt.

wird die Wirkung und Methodik der Meditation erforscht.[83] Unübersehbar auch die breite gesellschaftliche Bewegung neuer Sinnstiftung, die man als „New Age“ tituliert hat und die sich in der sogenannten „Esoterik“ niederschlägt – was auch immer man davon halten mag. Religiosität auf die christliche, monotheistische Ausdrucksform zu beschränken geht also an der Realität des beginnenden 21. Jahrhunderts vorbei.

Durch den größer werdenden Bekanntheitsgrad anderer Religions- und Sinngebungsmöglichkeiten im Zuge der kulturellen Globalisierung der letzten Jahrzehnte ist also offensichtlich auch das „Religiöse“ ein vielfältigeres Phänomen geworden. Dass eine „pantheistische Religiosität“ mit dem Christentum vereinbart werden kann, wird jedenfalls vom kirchlichen Lehramt verneint. Im Jugendkatechismus heißt es dazu lapidar: Der Pantheismus „ist mit dem christlichen Glauben nicht vereinbar.“[84] Dem christlichen Mystiker Meister Eckhart wurde im 14. Jahrhundert der Prozess gemacht, und dem gegenwärtig bekanntesten christlichen Mystiker und Zenbuddhist Willigis Jäger wurde vom gegenwärtigen Papst ein Rede-, Schreib- und Auftrittsverbot erteilt – ohne ihn allerdings zum Schweigen zu bringen.[85] Insofern ist es wohl berechtigt, eine pantheistische Religionssemantik als nicht genuin christlich zu bezeichnen.

Interessant auch, was im Religionsmonitor nicht erfasst wird. Erst seit wenigen Jahren tauchen in den Bestsellerlisten, und nicht nur dort,[86] Bücher auf, die auf populäre Weise eine philosophische Haltung den Sinnfragen der Welt gegenüber einnehmen.[87] Philosophie ist sicher nicht Religion, trotzdem deckt sie unverkennbar einige der Kerndimensionen der Religiosität ab. Das Dilemma, in dem die Gegenwartsphilosophie

---

83 Siehe beispielsweise die Webpräsenz des interdisziplinären Kongresses zur Meditations- und Bewusstseinsforschung: www.meditation-wissenschaft.org (12/2012).

84 Youcat, Jugendkatechismus der katholischen Kirche, München 2010, S. 197.

85 Eine Stellungnahme der Diözese Würzburg findet sich unter: http://downloads.kirchenserver.net/7/623/1/11407729132380898.pdf (12/2012).

86 So gab es 2011eine interessante Serie philosophischer Artikel in der Zeitschrift „Spektrum der Wissenschaft“.

87 Man denke beispielsweise an den Welterfolg von „Sofies Welt“.

steht, formuliert der Philosoph Richard David Precht in einem Interview in der Sendung: „Sternstunden der Philosophie“ sehr treffend:

> „Die Bildung, die von der Hochschulphilosophie in Deutschland ausgeht, ist geringer als die von der Sendung ‚Wer wird Millionär‘ von Günter Jauch. [...] Die Frage der abendländischen Philosophie war ganz ursprünglich die Frage nach dem Guten, nach dem richtigen Leben, so hat es bei Platon und Aristoteles angefangen; Philosophen waren für alles zuständig und haben sich in alles eingemischt, waren für Politik zuständig. Das ist verloren gegangen. Es hat noch einmal eine große Blüte im 18. Jahrhundert, im Zeitalter der Aufklärung gegeben. Unsere ganzen Vorstellungen von Demokratie, von freiheitlichem Rechtsstaat sind von Philosophen vorgedacht worden, die sich politisch auch eingemischt haben, in Frankreich, in England, auch in Deutschland. Im 20. Jahrhundert wurde die Philosophie [...] eine rein universitäre Disziplin, ein Fach. Damit wurde sie gesellschaftlich immer belangloser. Ich halte ein flammendes Plädoyer dafür, dass Philosophen sich einmischen sollten, weil sie in dieser Gesellschaft auch gebraucht werden. Wir sind heute von einer Unmenge Spezialwissen umgeben, was wir nicht mehr durchdringen können. Wir brauchen Menschen, die helfen, dass andere Menschen sich leichter orientieren können. Deswegen sehe ich die Aufgabe von Philosophen etwa in derjenigen [...], als Konsens-Arrangeure, als Diskursvermittler den Menschen zu helfen, ihr eigenes Leben besser zu verstehen.“[88]

Das ausführliche Zitat sei auch deshalb hier eingefügt, weil im öffentlichen Bewusstsein das Stellen von Sinn-Fragen oder eine moralisch-ethische Orientierung fast reflexartig mit Religion in Verbindung gebracht wird, eben weil Philosophie als eigenständige Dimension wenig erlebt wird.

88 http://www.youtube.com/watch?v=v5nEQW7Mr7s (12/2012).

Und so ist es symptomatisch, wenn sie auch im Religionsmonitor nicht auftaucht. Das kann und muss sich ändern.

Von Nicht- und Hochreligiösen

Zurück zur Religiosität der Deutschen, wie sie vom Religionsmonitor erfasst wird. In diesem Zusammenhang wichtig ist die „Zentralität der Religiosität", die mit den ersten fünf Fragen des Religionsmonitors erfasst wird.[89] Anhand dieser ersten Fragen werden in Bezug auf das Religiöse drei Typen unterschieden, Hochreligiöse, Religiöse und Nichtreligiöse. Diese Typen werden wie folgt charakterisiert:

> „Bei Hoch-Religiösen spielen religiöse Inhalte eine zentrale Rolle in der Persönlichkeit. Dies hat zur Folge, dass sie einen autonomen und breiten Einfluss auf das allgemeine Erleben und Verhalten ausüben. [...] Diese Gruppe ist auch soziologisch bedeutsam, da bei ihr eine große Bereitschaft vorausgesetzt werden kann, ihre religiösen Überzeugungen aktiv in gesellschaftlichen Diskursen zu vertreten."
>
> „Bei Religiösen kommen religiöse Inhalte und Praktiken vor, sie spielen in der Persönlichkeit jedoch nur eine untergeordnete Rolle. Dies hat zur Folge, dass sie nur einen [...] schmalen Einfluss auf das allgemeine Erleben und Verhalten ausüben können. [...] Die Bereitschaft,

89 Erste Frage: „Wie oft denken Sie über religiöse Themen nach?" Zweite Frage: „Wie stark glauben Sie daran, dass es Gott oder etwas Göttliches gibt?" Dritte Frage: „Wie häufig nehmen Sie an Gottesdiensten, Synagogengottesdiensten, Gemeinschaftsgebeten, Tempel (gehen), spirituellen Ritualen oder religiösen Handlungen teil?" Vierte Frage: „Wie häufig beten sie? Wie häufig meditieren Sie?" Fünfte Frage: „Wie oft erleben Sie Situationen, in denen sie das Gefühl haben, dass Gott oder etwas Göttliches in ihr Leben eingreift? Wie oft erleben Sie Situationen, in denen sie das Gefühl haben, mit allem eins zu sein?" Deutlich ist an diesen Fragen, dass sowohl eine theistische als auch eine pantheistische Religiosität abgefragt wird.

> religiöse Überzeugungen aktiv in gesellschaftliche Diskurse einzubringen, dürfte jedoch gering sein."
>
> Der dritte Typ der Nichtreligiösen „ist dadurch charakterisiert, dass religiöse Inhalte und Praktiken kaum vorhanden sind. Sie können daher auch in der Persönlichkeit sowie den Erlebens- und Handlungsfeldern eines Menschen keine Rolle spielen. Entsprechend wenig Resonanz finden religiöse Diskurse."[90]

Da religiöse Vorstellungen für Religiöse im Sinne des Religionsmonitors eine mehr oder weniger untergeordnete Rolle spielen, für Nichtreligiöse sogar keine, wird man an der Gruppe der Hochreligiösen die Prägekraft des Christentums für den gesellschaftlichen Diskurs ablesen können, wobei dieser Gruppe auch die Pantheistisch-Religiösen zugeordnet sind. Wie steht Deutschland hierbei im internationalen Vergleich da?[91]

Internationaler Vergleich

Deutliche Mehrheiten Hochreligiöser finden sich beispielsweise in den USA, wo 62 % Hochreligiösen 11 % Nichtreligiöse gegenüberstehen. Noch deutlicher religiös geprägt sind beispielsweise Brasilien (72 % zu 4 %)[92] oder Marokko (64 % zu 4 %). Innerhalb Europas fällt Italien durch einen hohen Anteil Hochreligiöser auf (44 % zu 11 %) oder auch Polen (40 % zu 13 %). Demgegenüber hat Deutschland mehr Nichtreligiöse als Hochreligiöse (18 % zu 30 %), wobei dies innerhalb Europas übertroffen wird von Frankreich (13 % zu 46 %), Großbritannien (19 %

90 Auf jede der fünf Fragen kann man abgestuft antworten von nie = 1 Punkt bis sehr oft = 5 Punkte, wodurch 5–25 Punkte summiert werden können. 5–10 Punkte charakterisiert Nichtreligiöse, 20–25 Punkte Hochreligiöse.

91 Kurzberichte zu einzelnen Ergebnissen der internationalen Durchführung des Religionsmonitors: www.bertelsmann-stiftung.de/cps/rde/xbcr/SID-5ED164A9-C9E9CCDF/bst/xcms_bst_dms_23399_23400_2.pdf (12/2012).

92 Hier und im Folgenden stets das Verhältnis von Hochreligiösen zu Nichtreligiösen.

zu 37 %) und Russland (7 % zu 49 %). In Europa insgesamt stehen 25 % Hochreligiösen 24 % Nichtreligiöse gegenüber. Wohl bemerkt: Auch bei diesen Zahlen handelt es sich um eine Summe theistischer und pantheistischer Religiosität im Sinne des Monitors.[93]

Wie die Bertelsmann Stiftung in einer zusammenfassenden Publikation,[94] reichlich geschmückt mit Bildern aus dem christlichen Leben, zu der Aussage kommen kann: „Das Abendland bleibt christlich geprägt", ist angesichts dieser Zahlen rätselhaft. Gerade im Vergleich zu den Vereinigten Staaten wird dies deutlich.[95] Mit viel größerem Recht lässt sich für Deutschland genau das Umgekehrte behaupten.

Dass Religiosität nicht mit konfessioneller Zugehörigkeit gleichzusetzen ist, zeigt sich, wenn sie innerhalb der jeweiligen Gruppen untersucht wird: So verteilt sich die Zentralität des Religiösen in Deutschland auf die drei konfessionellen Großgruppen wie folgt: In Deutschland überwiegen nur bei Katholiken die Hochreligiösen über die Nichtreligiösen (27 % zu 15 %), anders bei den Protestanten (14 % zu 17 %) und erwartungsgemäß bei den Konfessionsfreien (2 % zu 66 %).[96]

---

93 Weitere Beobachtungen in diesem Zusammenhang: Der Anteil Hochreligiöser nimmt mit dem Alter ab: 60+ 28 %, für jedes Jahrzehnt jünger 17 %, 16 %, 10 % und schließlich die 18–29-Jährigen 14 %. Im Gegensatz zur Statistik der Gesamtbevölkerung gehörten von den 1.000 repräsentativ Befragten 69 % dem Christentum an und nur 26 % waren konfessionsfrei.

94 http://www.bertelsmann-stiftung.de/cps/rde/xbcr/SID-1DFCDB4B-E86CB01A/bst/Religionsmonitor-2008_Europa_Laenderbroschuere.pdf (12/2012).

95 2001 waren 51,3 % der Bevölkerung der USA protestantisch, 24 % römisch-katholisch und 13 % haben keine Religionszugehörigkeit angegeben. Quelle: http://de.statista.com/statistik/daten/studie/166855/umfrage/religionen-in-den-usa/ (12/2012).

96 Interessant in diesem Zusammenhang auch die Aufschlüsselung theistischer und pantheistischer Spiritualitätsmuster: Hierbei stehen bei einer theistischen Sichtweise und Praxis 42 % Distanzierten 19 % intensiv Verbundene und bei einer pantheistischen Sichtweise und Praxis 62 % Distanzierten 7 % intensiv Verbundene gegenüber.

Weitere Aussagen des Religionsmonitors

Aus dem umfangreichen Material des Religionsmonitors seien noch drei für sich sprechende Ergebnisse herausgegriffen, die etwas über die Präsenz theistischer Religiosität aussagen. So stuften 28 % der Befragten die Bedeutung des Gebetes als hoch ein gegenüber 47 %, für die das Gebet eine niedrige Bedeutung hat. Ähnliches gilt für die religiöse Du-Erfahrung, deren Bedeutung nur von 13 % als hoch, von 51 % aber als niedrig eingestuft wurde. Ein charakteristisches Merkmal monotheistischer Religionen ist ihr personales Gottesbild. Gott wird als ein im Gebet erreichbares *Du* angesehen. Ein personales Gottesbild scheint aber nur für einen geringeren Prozentsatz der Bevölkerung erlebte Glaubenspraxis zu sein. Von einer Dominanz orthodox-christlicher Denkmuster in Deutschland kann daher nicht gesprochen werden. Das gilt auch für die öffentliche religiöse Praxis, deren Bedeutung von 17 % der Befragten als hoch und von 54 % als niedrig eingestuft wurde.

Religiöser Pluralismus

Mit zwei Fragen des Religionsmonitors wurde der religiöse Pluralismus ermittelt: Hat er eine hohe Intensität, dann glaubt man, dass jede Religion einen wahren Kern hat und man deshalb gegenüber allen Religionen offen sein soll. Fast 70 % der Deutschen haben eine hohe Intensität, über 90 % eine mittlere Intensität des religiösen Pluralismus. Ein ähnliches Bild ergibt sich in vielen Ländern. Offensichtlich hat bei den weitaus meisten Menschen die Bereitschaft zugenommen, in ihrer religiösen Sinnsuche über den Tellerrand ihres eigenen Glaubenssystems hinauszuschauen und sich von der Vielfalt religiöser Traditionen inspirieren zu lassen. Wenigen bereitet es dabei Probleme, dass dadurch die Religion, aus der sie herausgewachsen sind, ihren Absolutheitsanspruch gegenüber anderen Religionen einbüßt.

Befragung des Allensbacher Instituts für Demoskopie

Vielsagend in diesem Zusammenhang sind auch Beobachtungen, die sich aus Befragungen des Allensbacher Instituts für Demoskopie ergeben.[97] Im September 2006 wurde gefragt, welche Glaubensinhalte noch für wahr gehalten werden.[98] An zentrale christliche Glaubensvorstellungen glaubten hierbei: „dass Jesus Christus der Sohn Gottes ist" (41 % insgesamt, 32 % der unter 30-Jährigen), „dass Gott in allem ist" (also ein pantheistischer Gottesbezug!: 31 % insgesamt, 17 % der unter 30-Jährigen), „die Dreifaltigkeit, dass Gott Vater, Sohn und Heiliger Geist ist" (27 % insgesamt, 18 % der unter 30-Jährigen), „an die Auferstehung der Toten im Reich Gottes" (24 % insgesamt, 15 % der unter 30-Jährigen), „an das Jüngste Gericht" (16 % insgesamt, 10 % der unter 30-Jährigen).

In einer Studie im Oktober 2006 wurde gefragt, was zum *Christsein* unbedingt dazugehöre: Mit 79 % an der Spitze lag hierbei „an Gott glauben", gefolgt von: „die Zehn Gebote ernst nehmen" mit 59 %. „Strikt gegen die Anwendung von Gewalt sein" gaben 44 % an, während beispielsweise „sich für den Umweltschutz einsetzen" nur 14 % ankreuzten.

In einer Studie im August 2005 wurde gefragt, wie oft der Gefragte außerhalb eines Gottesdienstes in der Bibel lese. 4 % der Befragten gaben „häufig" an, 9 % „hin und wieder", 25 % „selten" und 62 % „nie".

Im Juni 2005 wurde gefragt, was einem die Kirche bringe, also nach Gründen, eine kirchliche Mitgliedschaft aufrechtzuerhalten. Mit 55 % führte als wichtigster Grund die Liste an, „dass man wichtige Ereignisse im Leben kirchlich feiern kann, z. B. Hochzeit, Taufe." Als Zweites mit 45 % folgte „Es gehört für mich einfach dazu, Mitglied in der Kirche zu sein, das hat in unserer Familie Tradition". Dann folgt

---

97 Allensbacher Jahrbuch der Demoskopie 2003–2009, Band 12, herausgegeben von Renate Köcher.

98 Die Frage lautete genau: „Die Menschen sind ja in Fragen der Religion, in Glaubensdingen ganz verschieden. Wir möchten gerne einmal erfahren, woran heute Menschen glauben. Können Sie hierzu bitte einmal diese Karten durchsehen und mir alles nennen, an das sie persönlich glauben."

mit 39 % „Die Kirche setzt sich für eine menschenwürdigere Welt ein" und mit 35 % „das Gefühl, zu einer Gemeinschaft zu gehören". Nur 20 % gaben an „Ich finde Antworten auf die Fragen nach dem Sinn des Lebens", 13 % „Mir werden Maßstäbe angeboten, an denen ich mich orientieren kann" oder mit 11 % „Ich kann dort hilfreiche Gespräche über den Glauben führen".

Eine letzte Frage sei angeführt, die im März 2006 gestellt wurde: „Wenn jemand sagt: *Das Christentum sollte in Deutschland gegenüber anderen Religionen eine bevorzugte Stellung haben, weil das Christentum zum Kern unserer Kultur gehört,* sehen Sie das auch so, oder sollten alle Religionen in Deutschland gleichberechtigt sein?" Ersteres gaben 42 % der Befragten an, während 43 % alle Religionen gleichberechtigt sehen wollten. 15 % blieben unentschieden.

Zusammenfassung

Die hier angeführten Zahlen sprechen eine deutliche Sprache und bestätigen ganz klar, was man bei aufmerksamer Beobachtung in Sachen Religion in Deutschland kaum übersehen kann: Religiosität, Spiritualität und weltanschauliche Sinnsuche sind im Deutschland des 21. Jahrhunderts ein vielfältiges Phänomen geworden. Vorsichtig kann gesagt werden, dass die Menschen weniger *Glaubende*, dafür mehr *Suchende* sind, wobei die Bereitschaft zugenommen hat, sich hierbei vielfältig inspirieren zu lassen. Von *Suchenden* oder auch *Fragenden* zu sprechen schließt auch die mit ein, die als Nichtreligiöse nur als Negativgröße im Religionsmonitor vermerkt sind, weil deren weltanschauliche Positionen mit religiöser Semantik nicht erfasst werden können, indem sich ihre Sicht des Lebens beispielsweise an wissenschaftlichen Erkenntnissen orientiert.

Die neue Offenheit drückt sich in einem religiösen Pluralismus aus, also der Bereitschaft eines Großteils der Religiösen, sich nicht nur am Katechismus der eigenen religiösen Gruppe zu orientieren, sondern sich auch von anderen kulturellen Traditionen für die Sinnsuche inspirieren zu lassen. Dabei ist deutlich, dass zumindest in Deutschland zentrale Glaubensinhalte des Christentums das Denken der meisten Menschen nicht mehr in der Weise prägen, wie dies noch bis Mitte des 20. Jahrhunderts der Fall war. Mehr und mehr Menschen bringen ihre unkonfessionelle Sinnsuche dadurch zum Ausdruck, dass sie keiner der gewachsenen Kirchen angehören, sprich konfessionsfrei ihr Leben gestalten wollen. Andere bleiben weiterhin in der Kirche, weil diese rituelle Akzente in ihrem Leben setzen kann, weil sie dadurch das Gefühl bekommen, einer Gemeinschaft anzugehören, und weil sie überzeugt sind, dass sich die Kirchen für ein menschenwürdiges Leben einsetzen. Der Anteil derer, für deren Leben christliche Glaubensinhalte zentral wichtig sind und die damit glaubensüberzeugte Christen sind, kann vor diesem Hintergrund nicht als dominant bezeichnet werden.[99]

Bewertung

Die seit einigen Jahrzehnten in Europa zunehmende „spirituelle Dynamik säkularer Kulturen“[100] zu beschreiben, ist das eine, sie zu beurteilen, etwas ganz anderes. Wie nicht anders zu erwarten, wird sie von den institutionalisierten Religionen eindeutig negativ bewertet, während humanistische Organisationen in der pluralistischen Dynamik der Weltanschauungen unseres Landes ein fruchtbares Potenzial für die

99 Es sei auf das Anfang 2013 erschienene Buch „Der verlorene Himmel, Glaube in Deutschland seit 1945“ (Vandenhoeck und Ruprecht) hingewiesen. Der Professor für neueste Geschichte der westfälischen Wilhelmsuniversität Münster Dr. Thomas Großbölting legt damit eine ausführliche und differenzierte Darstellung der Entwicklung des Glaubens bis in die Gegenwart vor, die zum hier festgestellten Ergebnis der Glaubensbefindlichkeit in Deutschland geführt hat.

100 So der Titel einer Auswertung des Religionsmonitors von Paul M. Zulehner (www.bertelsmann-stiftung.de/bst/de/media/xcms_bst_dms_23401_23402_2.pdf) (12/2012). Zwei Merkmale stechen für Zulehner als Charaktereigenschaften der religiösen Lage in den Industriestaaten besonders hervor: Sie ist bunt und in produktiver Bewegung. Vielsagend der Abschlusssatz seiner Studie: „Das Ergebnis aber ist zunehmend gestaltbar: Auch ein Auto lässt sich dann am ehesten lenken, wenn es in Bewegung ist.“ Es darf gefragt werden, aus

Zukunft sehen. Und das nicht ohne Grund, denn wie auch immer die Beurteilung ausfällt: Veränderte gesellschaftliche Bedingungen machen nötig, dass sich staatliche Strukturen wandeln. Vor diesem Hintergrund müssen wir das Verhältnis zwischen Staat und Kirche neu bestimmen.

Der Kruzifixstreit ist hierfür symptomatisch. Genauer betrachtet geht es um eine bewusste Grundlegung verbindender Normen, die in einem weltanschaulich pluralen Staat nur die gemeinsame Orientierung an den im Grundgesetz niedergelegten Werten sein kann. Wenn zu Gründerzeiten der Bundesrepublik der Verweis auf christliche Werte eine weitestgehend allgemein verbindliche Orientierung noch andeuten konnte, ist dies heute nicht mehr möglich. Ob es historisch korrekt ist, die unser gesellschaftliches Miteinander grundlegenden Normen zweifelsfrei auf das Wirken des Christentums zurückzuführen, wird noch zu untersuchen sein. Doch auch wenn dies so sein sollte, muss angesichts der weltanschaulich pluralen Lage das Verhältnis kirchlicher Institutionen zum Staat neu gestaltet werden.

Christliche Beurteilung des weltanschaulichen Pluralismus

Im September 2010 rief Papst Benedikt XVI. einen „päpstlichen Rat zur Förderung der Neuevangelisierung“ ins Leben. In seinem apostolischen Schreiben „Ubicumque et Semper“ betont er den biblischen Auftrag der katholischen Kirche, das Evangelium zu verkünden: „Darum geht zu allen Völkern und macht alle Menschen zu meinen Jüngern, tauft sie auf den Namen des Vaters, des Sohnes und des Heiligen Geistes, und lehrt sie, alles zu befolgen, was ich euch geboten habe“ (Mt 28, 19-20). Er beklagt das Phänomen der „Abkehr vom Glauben“ in den europäischen Kulturen, die seit „Jahrhunderten vom Evangelium“ geprägt seien, und sieht in diesem Zusammenhang einen besorgniserregenden „Verlust des Sinnes für das Heilige“. Er diagnostiziert: „Auch wenn dies alles von

welchem Grund welche Institutionen sich herausnehmen möchte, in unsere Kulturdynamik lenkend einzugreifen.

manchen als eine Befreiung begrüßt worden ist, ist man sich allerdings sehr schnell der inneren Wüste bewusst geworden, die dort entsteht, wo sich der Mensch [...] dessen entledigt findet, was das Fundament aller Dinge darstellt." Papst Johannes Paul II. zitierend schreibt er: „Die religiöse Indifferenz und die fast inexistente religiöse Praxis [...] sind nicht weniger besorgniserregend und zersetzend, als der ausdrückliche Atheismus." Er wünscht seiner Kirche, dass sie sich „der heutigen Welt mit einem missionarischen Elan zeige, um eine neue Evangelisierung zu fördern."[101]

Mit der Förderung der Neuevangelisierung Europas setzte Papst Benedikt XVI. in kirchliche Praxis um, was er in seiner berühmt gewordenen Predigt im Petersdom vor seiner Wahl zum Papst 2005 formuliert hatte: „Wider die Diktatur des Relativismus." Er geht hierbei auf eine Briefstelle des Apostels Paulus an die Epheser ein, in der es heißt: „[...] dass wir nicht mehr unmündig seien und uns bewegen und umhertreiben lassen von jeglichem Wind der Lehre durch Bosheit der Menschen und Täuschungen, womit sie uns beschleichen und uns verführen". Das Originalzitat, damals noch Kardinal Ratzingers, ist sehr aufschlussreich:[102]

> „Wie viele Winde der Lehre haben wir in den letzten Jahrzehnten erlebt! Wie viele ideologische Strömungen! Wie viele Moden des Denkens! [...] Das Schifflein des Denkens vieler Christen ist nicht selten von diesen Wellen bewegt worden, umhergeworfen von einem Extrem zum andern. [...]
>
> ‚Diktatur des Relativismus'
>
> Jeden Tag entstehen neue Sekten, und es verwirklicht sich, was der heilige Paulus über den Betrug der Menschen sagt, über ihre Bosheit, in den Irrtum zu führen. Einen klaren christlichen Glauben zu haben, gemäß dem Credo der

---

101 Ubicumque et Semper, Castel Gandolfo.

102 Zitiert nach www.faz.net/aktuell/konklave-wider-die-diktatur-des-relativismus-1227644.html (12/2012).

> Kirche, wird häufig als Fundamentalismus etikettiert. Dabei erscheint der Relativismus, das heißt das Sich-treiben-Lassen hierhin und dorthin von jedwedem Wind der Lehre, als die einzige Haltung auf der Höhe der Zeit. Es bildet sich eine Diktatur des Relativismus heraus, die nichts als definitiv anerkennt und die als letztes Maß nur das eigene Ich und seine Wünsche gelten lässt. [...]
>
> Wir hingegen haben ein anderes Maß: den Sohn Gottes, den wahren Menschen. [...] Reif ist nicht ein Glaube, der den Wellen der Mode und der letzten Neuheit folgt. Erwachsen und reif ist ein Glaube, der zutiefst verwurzelt ist in der Freundschaft mit Christus. Dies gibt uns das Kriterium zu unterscheiden zwischen wahr und falsch, zwischen Betrug und Wahrheit. Diesen Glauben müssen wir reifen lassen, zu diesem Glauben müssen wir die Herde Christi führen.“

Deutlicher lässt sich die fehlende Bereitschaft kaum ausdrücken, der wachsenden kulturellen Vielfalt in der Moderne positiv zu begegnen und sich – seinen eigenen Absolutheitsanspruch relativierend – in den Austausch der Kulturen einzureihen. Durch eine Neuevangelisierung die alten Verhältnisse wieder herzustellen, kann als Angriff auf einen entscheidenden Wesenszug der Moderne verstanden werden. Das Problem wurzelt schon in dem biblischen Missionsbefehl, den der Philosoph Herbert Schnädelbach als einen „Geburtsfehler des Christentums“ bezeichnet hat.[103] Es ist, so Schnädelbach, „die theologische Ermächtigung zum christlichen Kulturimperialismus.“ Somit ist die ablehnende Haltung der katholischen Kirche dem religiösen Pluralismus gegenüber ein Wesenszug des Christentums. Man findet diese Haltung umso deutlicher, je klarer christliche Glaubenspositionen vertreten werden.

Dies sei durch Ausführungen des evangelischen Theologen Jürgen Neidhart, des Vorsitzenden des Schweizer Bibelbundes, zum Thema

---

103 www.wissenschaftundaberglauben.de/b/fluch_des_christentums.pdf (12/2012).

„multikultureller Pluralismus und christlicher Glaube“ verdeutlicht.[104] Er zitiert den verstorbenen Münchener Bischof Hermann Dietzfelbinger: „Pluralismus wird zum Tarnwort, mit dem wir unsere Unfähigkeit zur notwendigen Scheidung und Unterscheidung bemänteln“, um dann klarzustellen:

> „Kein Mensch kann jedoch glauben, dass alle Religionen zu Gott führen, und zugleich ein überzeugter Christ sein, der Christi Worte ernst nimmt: *Ich bin der Weg, die Wahrheit und das Leben, niemand kommt zum Vater, denn durch mich.* (Joh. 14,6) Ist das intolerant? Die Aussagen Jesu Christi in der Heiligen Schrift sind radikal und absolut und nicht relativistisch, wie wir es heute gewöhnt sind.“

Neidhart wendet sich daher entschieden gegen jede „Patchwork-Religion“: „So entstand ein religiöser Supermarkt ohnegleichen, ein Mischmasch aus traditionellen Glaubenselementen mit fernöstlichen Religionsinhalten.“ Dann zitiert er den 1985 verstorbenen reformierten Theologen und Generalsekretär des Ökumenischen Rates der Kirchen, Willem Adolf Visser't Hooft: „Es ist höchste Zeit, dass die Christen wieder erkennen, dass der Kern ihres Glaubens nicht darin besteht, dass Jesus Christus gekommen ist, einen Beitrag zum religiösen Warenhaus der Menschheit zu leisten, sondern dass in ihm Gott die Welt, die Menschheit, alle versöhnt hat.“ Es folgt ein Zitat des 2008 verstorbenen Sozialphilosophen Günter Rohrmoser:

> „Ich bin Christ, weil das Christentum im Verhältnis zu allen anderen Religionen die absolute, einzig wahre Religion ist. Die Alternative ist, wie die Geschichte gezeigt hat, die Barbarei. Sie kann nur aufgehalten werden, wenn sich Christen [...] auf ihre Quelle zurück besinnen. [...] Ein gelebtes Christentum ist das Beste, was wir dieser Welt bieten können. [...] In einem multikulturellen Staat wären

---

104 www.bibelbund.de/htm/99-1-036.htm (12/2012).

> die Kirchen nur noch ein religiöser Verein unter zahllosen gleichberechtigten anderen."[105]

Neidhart ist dabei klar, dass Mission nicht darin besteht, zu begründen, warum christliche „Wahrheiten" wahrer sein sollten als „Wahrheiten" anderer Kulturen, denn die „personifizierte Wahrheit, Jesus, der Sohn Gottes, kann von uns Menschen nur bezeugt und nicht bewiesen werden." In dieser Formulierung wird besonders deutlich, was im Kontext von Offenbarungsreligionen „Glaubenswahrheiten" sind. Neidhart sieht überdies im Zuzug von Ausländern nach Europa eine „enorme missionarische Chance": „Wir brauchen nicht mehr bis an das Ende der Welt zu reisen, um Asiaten und Afrikanern das Evangelium von Jesus Christus weiterzugeben." Mit der gleichen Selbstverständlichkeit, mit der Neidhart die Beeinflussung durch andere Kulturen von sich weist, rechtfertigt er, andere Kulturen christlich zu missionieren: Kulturimperialismus eben.

Möglicherweise haben die christlichen Theologen von Joseph Ratzinger bis Jürgen Neidhart recht und ein Christentum wird am Ende kein Christentum mehr sein, wenn es seine Schätze mit anderen Kulturen teilt und sich im Gegenzug den Kostbarkeiten anderer Kulturen nicht nur öffnet, sondern diese auch assimiliert und damit auch anderen Schrift- und Ritualtraditionen auf Augenhöhe begegnet. Das hieße, je ernster Christen ihre Religion nehmen, desto weniger können sie die kulturelle Globalisierung der Gegenwart bejahen. Der Religionsmonitor hat aber gezeigt, dass von einer Mehrheit derer, die sich Christen nennen, gerade dieser Absolutheitsanspruch nicht geteilt wird.

---

105 Zitiert nach Jürgen Neidhart: Quellenangabe dort: „Idea spektrum" 42/1996, S. 19.

Position des evolutionären Humanismus

Als Beispiel dafür, wie eine naturalistisch orientierte Weltanschauung zum kulturellen Pluralismus steht, sei der evolutionäre Humanismus angeführt, wie er durch die Giordano-Bruno-Stiftung vertreten wird. Mitbegründer und Vorstandssprecher ist Dr. Michael Schmidt-Salomon, der vielfach in Diskussionsrunden von Anne Will bis Wieland Backes auftritt und als „Chef-Atheist" einige Bekanntheit genießt, als der er allerdings nur bedingt verstanden werden will.

Für den evolutionären Humanismus ist ein an der naturwissenschaftlichen Methode orientierter Relativismus zentral. Es gibt für ihn keine Wahrheiten, die allein dadurch wahr sind, dass sie in heiligen Schriften stehen. Aufgrund unserer evolutiv entstandenen Erkenntnisorganisationen haben wir zwei Möglichkeiten, uns der Wirklichkeit zu nähern: durch unsere Wahrnehmung (Empirie) und mittels unseres Denkvermögens (Vernunft). Beides ist im evolutionären Prozess entstanden und im Hinblick auf biologische Fitness, nicht aber im Hinblick auf Realitätserkenntnis einer „objektiven Wahrheit" optimiert. Das hat zur Folge, dass naturalistische Erkenntnis als eine fortwährende prozessuale Annäherung an die Erkenntnis der Natur und des Menschen erfahren wird, deren Ergebnis offen ist. Glauben im religiösen Sinne, der von feststehenden, angeblich von Gott geoffenbarten „Glaubenswahrheiten" ausgeht, ist für ihn keine Wirklichkeitserkenntnis, sondern beruht zumeist auf frühkindlicher religiöser Sozialisation. Die jeweils aktuelle Weltanschauung ist dabei grundsätzlich nur vorläufig, insofern also nur relativ wahr. Dies führt aber keineswegs in eine Beliebigkeit, denn als Wahrheitskriterien gelten die zwei Säulen menschlichen Erkenntnisvermögens: Was wahr ist, muss mit den Erfahrungen übereinstimmen (Empirie) und sollte in sich und in Bezug auf den Erfahrungshorizont schlüssig sein (Vernunft) und damit dem Ideal der „intellektuellen Redlichkeit" genügen. Aussagen über transzendente Wirklichkeiten, also „Wahrheiten", die der Erfahrung nicht zugänglich sind, haben demnach grundsätzlich vorläufigen, spekulativen Charakter. Sollte es eine transzendente Wirklichkeit geben, was nicht ausgeschlossen werden kann (methodischer Agnostizismus), so wird dieses Transzendente in allen Kulturen des Menschen aufleuchten. Damit sind religiöse Traditionen „kulturelle Schatzkammern“, wie sie Michael Schmidt-Salomon nennt.[106]

Mit dieser Haltung ergibt sich eine offene Einstellung allen Kulturen der Welt gegenüber. Allerdings ist auch keine religiöse Tradition von einem kritischen Hinterfragen ausgenommen. Damit ist der evolutionäre Humanismus einerseits weltoffen, andererseits aber nicht beliebig, sondern um intellektuelle Redlichkeit bemüht. *Diktatorisch* ist dieser methodische Relativismus nur insofern, als er Unfehlbarkeitsansprüche prinzipiell – und damit, wenn man so will, diktatorisch – ablehnt. Insofern ist er ein Angriff auf Absolutheitsansprüche, wie die der katholischen Kirche; da hat Papst Benedikts XVI. Recht. Allerdings ist diese Form des Relativismus die Grundlage moderner Demokratien: Das rechtliche Miteinander, die politische Linie muss in einem demokratischen Prozess aller Beteiligten auf Augenhöhe immer neu bestimmt werden. Ein Herrschaftsanspruch aufgrund eines Gottesgnadentums, die politische Grundlage christlicher Monarchien, hat in diesem Denken keinen Platz.

Die Erkenntnishaltung des evolutionären Humanismus ist damit methodisch an den Naturwissenschaften orientiert und übernimmt sie in die philosophische Reflexion.[107] Möglicherweise zeigt der hohe Grad an

---

106 Im Zuge der politischen Auseinandersetzung mit religiös begründeten Positionen nimmt der Tonfall leider auch polemische Züge an. Dies kommt schon im Titel eines neueren Buches Schmidt-Salomons zum Ausdruck: „Keine Macht den Doofen! Eine Streitschrift“. Schmidt-Salomon rechtfertigt seine Polemik als „Streitkultur der Aufklärung“. Es sei betont, dass sich der Autor im religionskritischen Diskurs mehr verbale, keineswegs allerdings sachliche Zurückhaltung wünscht. Auch hierüber lässt sich also streiten.

107 Die katholische Kirche bescheinigt sich gerne eine Nähe zur Vernunft und Philosophie. Insbesondere in ihrem Verhältnis zur Evolutionstheorie will sie sich vom evangelikalen Kreationismus abheben. Man darf dabei aber nie übersehen, dass die Philosophie der katholischen Kirche eine neuscholastische Philosophie ist, die insofern wissenschaftlichen Kriterien nicht standhält, als sie nicht ergebnisoffen denkt. Ihre Aufgabe ist vielmehr die philosophische Begründung der kirchlichen Dogmen, wobei diese, ausgehend vom offen-

Offenheit allen kulturellen und religiösen Traditionen gegenüber, den der Religionsmonitor diagnostiziert, dass große Teile der Bevölkerung eine naturwissenschaftliche Haltung der Wirklichkeit gegenüber verinnerlicht haben, oftmals ohne dies erkenntnistheoretisch zu reflektieren.

Dass der Relativismus des evolutionären Humanismus dem Leben einen höheren Sinn raubt und damit eine „innere Wüste“ (Papst Benedikt XVI, s. o.) oder ethische Haltlosigkeit hinterlässt, widerlegt schon die Formulierung der „zehn Angebote“ des evolutionären Humanismus.[108] Da heißt es beispielsweise: „Diene weder fremden noch heimischen Göttern, sondern dem großen Ideal der Ethik, das Leid in der Welt zu mindern!“ Dann: „Sei dir deiner Sache nicht allzu sicher! Zweifle aber auch am Zweifel! Selbst wenn unser Wissen stets begrenzt und vorläufig ist, solltest du entschieden für das eintreten, von dem du überzeugt bist. Sei dabei aber jederzeit offen für bessere Argumente, denn nur so wird es dir gelingen, den schmalen Grat jenseits von Dogmatismus und Beliebigkeit zu meistern.“ Oder: „Stelle dein Leben in den Dienst einer größeren Sache, werde Teil der Tradition derer, die die Welt zu einem besseren, lebenswerteren Ort machen woll(t)en! Eine solche Haltung ist nicht nur ethisch vernünftig, sondern auch das beste Rezept für eine sinnerfüllte Existenz.“[109]

barungsreligiösen Anspruch, als von Gott gegeben nicht hinterfragt werden. Die Philosophie ist damit aus katholischer Sicht nach wie vor die „Magd der Theologie“. Siehe hierzu die Enzyklika „Aeterni Patris“ von Papst Leo XIII. und die Enzyklika „Fides et Ratio“ von Papst Johannes Paul II.

108 Siehe: „Manifest des evolutionären Humanismus: Plädoyer für eine zeitgemäße Leitkultur“, von Michael Schmidt-Salomon, S. 156f..

109 Ebd.

Die Wurzeln Europas

Der Topos vom „christlichen Abendland“

Der erste Präsident der Bundesrepublik Deutschland Theodor Heuss hielt im September 1950 eine Rede anlässlich der Einweihung eines neu errichteten Gebäudetraktes des Heilbronner humanistischen Gymnasiums, dessen Schüler er war und dessen Namenspatron er werden sollte. Folgendes Zitat aus dieser Ansprache an die Jugend findet noch heute Beachtung:

> „Ich bin ein Verteidiger des humanistischen Gymnasiums […], weil, wenn wir darauf verzichten, wir den geistigen Zusammenhang mit unserer eigenen Volks- und Geistesgeschichte verlieren. […] Es gibt drei Hügel, von denen das Abendland seinen Ausgang genommen hat: Golgatha, die Akropolis in Athen, das Kapitol in Rom. Aus allen ist das Abendland geistig gewirkt.“

Konrad Adenauer, Mitbegründer der CDU in den Nachkriegsjahren, schloss seine erste Regierungserklärung ein Jahr zuvor mit folgenden Worten:

> „Unsere ganze Arbeit wird getragen sein von dem Geist christlich-abendländischer Kultur und von der Achtung vor dem Recht und vor der Würde des Menschen.“[110]

Der politische Topos vom „christlichen Abendland“ ist erst im 20. Jahrhundert gewachsen und fußt auf einer literarischen Verklärung des christlichen Mittelalters in der Romantik.[111] Der Bonner Romanist Hermann Platz, Herausgeber der Zeitschrift „Abendland“, verstand nach dem Ersten Weltkrieg unter diesem Begriff „nicht allein die

110 Siehe Homepage der Konrad-Adenauer-Stiftung: www.kas.de/wf/de/33.820/ (8/2012).

111 Siehe beispielsweise Novalis: Die Christenheit oder Europa, 1799.

gelungene Synthese von Antike, Christentum und Germanentum, sondern auch das Modell einer universalen Gemeinschaftsordnung – die im europäischen Mittelalter historisch realisiert war".[112] Zwischen den Kriegen „galt es für viele, die Werte des Abendlandes – auch im Sinne einer Re-Christianisierung gegen den Bolschewismus und den Kommunismus zu beschwören", so der Theologe und Kirchenhistoriker Thomas Kaufmann.[113]

Der deutsche Historiker Heinz Hürten sieht im Rückgriff auf den Topos vom „christlichen Abendland" in den Gründerjahren der Bundesrepublik „die Möglichkeit einer politischen Ortsbestimmung, welche die Kriegsfront zum Westen hin überwinden konnte." Denn „die Betonung der Zugehörigkeit Deutschlands zum Abendland bedeutete eine Absage an eine ausschließlich nationalstaatliche Orientierung der Politik."[114] So gesehen hatte die politische Rede vom Abendland in diesen Jahren ihre Berechtigung.

Ersetzt man aber den Begriff „Europa" durch „Abendland", so schwingt implizit eine Abgrenzung zu östlichen Kulturkreisen, im Besonderen zum arabischen Raum, dem „Morgenland", mit. Nicht umsonst findet der Topos vom „christlichen Abendland" in der Integrationsdebatte um den Islam häufig Verwendung. Vom „christlichen Abendland" ist es nicht weit zum Slogan „Abendland in Christenhand", mit dem rechtspopulistische Kreise auf Stimmenfang gehen.[115] Die Reduktion unseres Kulturraumes auf religiöse Dimensionen – unser christliches Abendland hier und der uns fremde Islam dort, der für den einen zu Deutschland gehört, für den anderen nicht – öffnet daher fremdenfeindlichen Tendenzen Tür und Tor. In der Diskussion um die kulturelle Standortbestimmung Europas ist die Abendlandterminologie

---

112 Siehe zum Stichwort „Abendland" auf der Homepage der Konrad-Adenauer-Stiftung

113 www.uni-hildesheim.de/index.php?id=6430 (8/2012).

114 www.kas.de/wf/de/71.9148/ (8/2012).

115 Siehe bspw. www.abendland-in-christenhand.de oder das Wahlplakat der FPÖ in Österreich 2009: www.krone.at/Oesterreich/FPOe-Plakat_beschaeftigt_Staatsanwaltschaft_Wien-Slogan_verhetzend-Story-144330 (8/2012).

deshalb wenig hilfreich, die neutralere Bezeichnung „Europa“ oder „die westliche Welt“ angemessener.

Das christliche Menschenbild aus Sicht der CDU-Wertekommission

Nach den Terroranschlägen des 11. Septembers 2001 auf die Zwillingstürme des World Trade Centers ist die Frage nach den Werten der „westlichen“ Welt mit neuer Dringlichkeit ins Bewusstsein gerückt. Da sich auf der internationalen Bühne die überwiegend christliche Nation der US-Amerikaner und islamistische Terrorgruppen gegenüberstehen und in einem der geopolitisch brisantesten Krisenherde, dem Nahen Osten, das jüdische Israel sich von der islamisch-arabischen Welt bedroht sieht, rückt die religiöse Deutung des Wertefundamentes auch für uns Europäer wieder verstärkt in den Fokus. Hierauf nimmt das Ende 2001 erschienene Diskussionspapier der CDU-Wertekommission Bezug mit der Überschrift: „Die neue Aktualität des christlichen Menschenbildes“.[116] Nachdem grundsätzliche politische Positionen der CDU dargestellt sind, geht es in den letzten Kapiteln um die „religiöse Begründung des christlichen Menschenbildes“. Hier heißt es zunächst, der Mensch sei kein „belangloses naturgeschichtliches Ereignis“,[117] sondern „der Mensch ist von Gott geschaffen.“ Weiter wird ausgeführt, dass „das christliche Menschenbild Wert darauf legt, dass Gott es bei der Erschaffung gut mit dem Menschen gemeint hat.“[118]

116 Alle folgenden Zitate aus dieser Schrift. Online verfügbar unter: www.cdu.de/doc/pdf/az_christliche_werte.pdf (8/2012).

117 Unübersehbar werden hier die Ergebnisse der modernen Evolutionsbiologie vom Tisch gefegt, die aufzeigen, dass der Mensch sehr wohl ein naturgeschichtliches Ereignis darstellt, also im Zuge evolutionärer Prozesse entstanden ist und sich auch zukünftig weiter entwickelt. Warum der Mensch in diesem Lichte allerdings ein „belangloses Wesen“ sein sollte, ist völlig unergründlich.

118 Die so problematische Theodizee-Frage wird ebenso großzügig vom Tisch gefegt.

Dann heißt es,

> der Mensch sei „zur Freiheit berufen. […] Seine Freiheit hebt ihn von der bloßen Natur ab. Im christlichen Glauben ist der Mensch Ebenbild Gottes. […] Als Einzelner ist der Mensch immer vor Gott verantwortlich, er legt Rechenschaft ab. […] Die unveräußerliche Freiheit des Menschen und die Einzigartigkeit als Person begründen seine Würde. […] Die Unverletzlichkeit und Unveräußerlichkeit der Menschenrechte ist nicht eine beliebige Vorstellung, sondern notwendige Folge aus der freien Stellung des Menschen im Verhältnis zu Gott."

Und später ist zu lesen:

> „Steht die Freiheit am Anfang und im Mittelpunkt, so ist nur eine Gesellschaftsordnung zu rechtfertigen, die der freien Entfaltung der menschlichen Betätigungen und Ideen Vorrang gibt. Mit der Würde der Person ist ein Gesellschaftsmodell unvereinbar, das Wert- und Wesensunterschiede zwischen den Menschen festschreibt."

Abschließend wird unter der Überschrift: „Die christlichen Wurzeln der modernen Demokratie und des freiheitlichen Staates" ausgeführt:

> „Die Jahrhunderte dauernde Entwicklung zum Rechtsstaat und zur Demokratie fand nicht zufällig in der westlichen, christlich geprägten Welt statt. In die Entwicklung des christlichen Menschenbildes sind die jüdischen, die hellenistischen und die römischen Ursprünge der abendländischen Kultur einbezogen. […] Das christliche Menschenbild war Voraussetzung für die Emanzipation des freien, mit gleichen Rechten und unantastbarer Würde ausgestatteten Individuums, also auch für die Emanzipation der Frau. Reformation, Aufklärung, Bill of Rights, die demokratischen Revolutionen und die sozialen Bewegungen der Neuzeit konnten ihre politischen Kräfte nur dort freisetzen, wo im christlichen Glauben der geistige Boden für

die Freiheit und Eigenverantwortung des Menschen bereitet war. Gleiches gilt für die Freiheit von Lehre und Forschung sowie die Freiheit der Künste. Von diesen Überzeugungen lebt die offene Gesellschaft."

Fragen

Das Diskussionspapier der CDU spiegelt die Haltung derer wider, die das Christliche in unserer Gesellschaft stärker betonen wollen. Zweifelsohne spielt die westliche Welt für die globale Etablierung des Menschenrechtsgedankens und der freiheitlichen Demokratie eine besondere Rolle; aber ist es berechtigt, von den vielen Faktoren, die zur Herausbildung freiheitlich-demokratischer Staaten geführt haben, dem christlichen Glauben eine so prominente Rolle zuzugestehen?

Nun finden die „hellenistischen und römischen Ursprünge" im Thesenpapier der CDU immerhin noch Erwähnung, die bei Theodor Heuss im Hinblick auf das humanistische Erbe eine deutlichere Betonung erfahren hatten. Man wird differenzieren müssen, wes Geistes Kind die modernen Selbstverständlichkeiten sind, die jedem Menschen, ob Frau ob Mann, gleich welcher weltanschaulichen Heimat oder religiösen Ausrichtung, demokratisches Mitbestimmungsrecht einräumen und freie Meinungsäußerung zugestehen und damit jedem eine Teilnahme am gesellschaftlichen Leben ermöglichen. Haben wir diese Errungenschaften wirklich ganz zentral dem christlichen Glauben, der biblischen Weltinterpretation zu verdanken?

Wenn dem so wäre, dann ist zu fragen, warum es weit über 1.000 Jahre dauerte, bis die Dynamik einsetzte, die letztlich zu unserer offenen Gesellschaft führte, nachdem das Christentum im vierten Jahrhundert als Staatsreligion zur dominanten gesellschaftlichen Kraft wurde. Wie konnte es sein, dass die schon in der antiken Welt entwickelten demokratischen Strukturen in der folgenden christlichen Ära von dem hierarchischen Feudalsystem des Mittelalters abgelöst wurden, das sich später zur territorialstaatlichen Standesgesellschaft weiterentwickelte, in der freiheitlich-demokratische Selbstverständlichkeiten Fremdwörter waren? Wie kann der christliche Glaube der geistige Boden für die Freiheit von Lehre und Forschung sein, wenn es in Zeiten christlicher Gesellschaftsdominanz auf Todesstrafe verboten war, häretische Gedanken zu äußern, und eine Inquisition darüber wachte, dass ketzerische Gedanken nicht Fuß fassen konnten? Wenn der christliche Glaube Grundlage für den Gleichheitsgedanken aller Menschen sein soll, wie ist es dann möglich, dass Frauen erst im 20. Jahrhundert die gleichwertige Teilnahme am gesellschaftlichen Geschehen erstreiten konnten oder dass Sklaverei und Leibeigenschaft erst im 19. Jahrhundert ein Ende fanden? Wie kann es sein, dass auch heute noch der unzweifelhaft christlichste aller Staaten, der Vatikan, die europäische Menschenrechtskonvention nicht ratifiziert hat, müsste er doch als leuchtendes Beispiel vorangegangen sein, wenn wirklich der christliche Glaube die Grundlage für die Formulierung allgemeiner Menschenrechte war und ist?

Sicher befeuern religiöse Gefühle die Tatkraft, und es werden viele, die für unsere freiheitlichen Rechte eingetreten sind, ihre Gedanken mit dem christlichen Glauben und entsprechender religiöser Sprache verbunden haben. Ehe man aber das christliche Menschenbild programmatisch in der Weise betont, wie dies im Thesenpapier der CDU geschieht, und ehe man vielschichtige geschichtliche Prozesse unter eine Überschrift bringt – Christentum – und damit in dem menschlich hochsensiblen Bereich der Glaubensüberzeugungen polarisiert, sollte man herausarbeiten, worin der spezifisch christliche Beitrag besteht oder ob die Werte, auf die wir zurecht stolz sein können, womöglich (auch) andere Wurzeln haben.

Es bedarf einer *unumstrittenen* Rechtfertigung, wenn man in einer pluralistisch-freiheitlichen Gesellschaft den christlichen Beitrag so in den Vordergrund stellt, wie dies beispielsweise symbolisch durch Kreuze in öffentlichen Räumen geschieht.

Europäische Wurzeln im Altertum

Theodor Heuss' Hinweis auf die „Akropolis" und das „Kapitol" deuten auf die griechisch-römische Antike. Mit Blick auf ihre bis heute anhaltende Bedeutung erlebte sie auf dem Boden des heutigen Griechenlands zur Zeit der attischen Demokratie ihre erste Blüte, prägte dann durch die griechische Kolonisation kulturell den ganzen Mittelmeerraum. Erste Ausformungen eines demokratischen Staatswesens in der Gemeinschaft der Polis, das Erblühen der Theaterkunst in den großen Amphitheatern und die vierjährlich stattfindenden kultisch-sportlichen Olympischen Spiele mit ihren bis in die Gegenwart tradierten Disziplinen sind heute noch Teil unseres kulturellen Bewusstseins. Getragen ist die griechische Kultur der klassischen Zeit von einem Denken, das sich mit den ionischen Naturphilosophen von der vormals religiös-mythologischen Interpretation der Welt abhob und eine vernunftorientierte Welterklärung suchte. Im Rückblick waren es insbesondere die drei Geistesgrößen Sokrates, Platon und Aristoteles, deren Denken das Fundament der europäischen Philosophie bis heute wurde. Bei einem schnellen Rückblick vergisst man gerne, dass hinter diesen großen Namen – und einer schier endlosen Reihe weiterer Philosophen der klassischen oder auch späteren Antike – sich nicht nur einsame, im Elfenbeinturm über abgehobene Fragen sinnierende Gelehrte verbergen, sondern dass der Philosoph der damaligen Zeit mitten im kulturellen Leben stand und dieses mit seinem Denken prägte. Viele Philosophen gründeten oft Jahrhunderte existierende Philosophenschulen, die ganze Denktraditionen repräsentierten und in der damaligen Zeit ein ähnlich wichtiger Faktor der Bildung waren wie heute die Universitäten.

In der durch die Feldzüge Alexander des Großen eingeleiteten Zeit des Hellenismus wurde das griechische Denken für die gesamte Kultur der Antike des Mittelmeerraumes tonangebend und blieb dies auch während der Zeit des römischen Imperiums.

> „Die Philosophie hat niemals einen so breiten Wirkungskreis gehabt wie im Hellenismus. Sie wurde allgemein verständliche

> und praktisch orientierende Popularphilosophie. In Rom gehörte es zum guten Ton, als Angehöriger der führenden Schicht auch etwas in Philosophie bewandert zu sein."[119]

Eine solche Kraft konnte sowohl das hellenistische als auch später das römische Denken nur entfalten, weil es offen war gegenüber dem Denken anderer Kulturen, dem ägyptischen oder mesopotamischen Kulturkreis beispielsweise, von deren Kenntnissen, Fertigkeiten und Ideen es sich bereichern und anregen ließ. Wesentlich ist aber auch, dass Forschen und Philosophieren nicht von einem starken Berufspriestertum eingeengt wurden, dessen geglaubte Wahrheiten dem freien Denken Grenzen setzte, wie dies später der Fall sein sollte.[120]

Weniger bekannt ist, dass naturwissenschaftliches Forschen in den hellenistischen Jahrhunderten eine erste Blüte erlebte. Ein wichtiges Zentrum hierfür war der „Tempel der Musen" in Alexandria. Hier sammelte Eratosthenes das geografische Wissen seiner Zeit und vermaß mit raffinierten Methoden den Erdumfang, hier dachte Aristarch von Samos erstmals über ein heliozentrisches Weltbild nach, wie uns von Archimedes überliefert ist, und hier legte Euklid seine mathematischen Schriften vor, um nur einige Beispiele zu nennen.[121] Solche wissenschaftlichen Leistungen waren nur dadurch möglich, dass der Wissenshorizont einerseits schriftlich fixiert und andererseits um jede erreichbare Facette erweitert wurde. In diesem Zusammenhang entstanden im gesamten Bereich der griechischen und später römischen Kultur umfangreiche Bibliotheken, die jedem, der lesen konnte, offen standen. Allein in Rom gab es in der vorchristlichen Spätantike 29 öffentliche Bibliotheken. Es gereichte einem römischen Patrizier zur besonderen Ehre, eine Bibliothek zu unterhalten. Jede kulturell etwas bedeutendere Stadt hatte Bibliotheken,

---

119 Christoph Helferich: Geschichte der Philosophie, München [4]2000, S. 54.

120 Siehe z. B. Christian Meier: „Die griechisch-römische Tradition", in: Hans Joas/Klaus Wiegandt (Hrsg.): Die kulturellen Werte Europas, Frankfurt am Main [2]2005, S. 93ff.

121 Siehe hierzu Lucio Russo: „Die vergessene Revolution oder die Wiedergeburt des antiken Wissens".

zum Teil mit Beständen von Hunderttausenden Schriftrollen, eine der bekanntesten von ihnen ist die Bibliothek von Alexandria.[122]

Die griechisch-römische Kultur baute auf einem hohen Wissens- und Bildungsgrad in der Bevölkerung auf, wodurch sich das Schul- und Bildungswesen schon früh entwickelte. In seiner „Geschichte der Schule" schreibt Franz-Michael Konrad deshalb:

> „In Griechenland galt die planvolle Unterweisung möglichst aller frei geborenen Heranwachsenden männlichen Geschlechts als Teil der politischen Kultur und als Voraussetzung zum Erfolg der demokratischen Regierungsform. [...] [Schon] in der klassischen Zeit verfügten fast alle männlichen Angehörigen der mit dem Bürgerrecht ausgestatteten Bevölkerungsteile in den griechischen Stadtstaaten über eine elementare Schulbildung."[123]

Neben Lesen, Schreiben und Rechnen wurde eine rhetorische Ausbildung betont, denn: „Zu einer von Meinungsvielfalt gekennzeichneten, vom Pluralismus der Interessen beherrschten Gesellschaft gehörte ganz grundlegend die Rede."[124] So gab es schon um 400 v. u. Z. in Athen Gesetze zur Regulierung des Unterrichtswesens. Es entstand im klassischen Athen für die körperliche und geistige Ertüchtigung der zunächst männlichen Jugend das Gymnasium, in dem mitunter nackt trainiert wurde (gymnos = nackt). Eine weiterführende Ausbildung fand in einer der vielen Philosophenschulen statt, von denen die Akademie des Platon und der Peripatos des Aristoteles zu den ältesten gehören.

Auch in der Zeit der hellenistischen Monarchien wurde Bildung großgeschrieben, wodurch das „Gymnasium Mittelpunkt des sozialen und kulturellen Lebens der eingewanderten Griechen sowie der Angehörigen der Oberschichten der unterworfenen Völker wurde, die die griechische

---

122 Zahlenangaben nach Friedrich Prinz: Von Konstantin zu Karl dem Großen, Entfaltung und Wandel Europas. Düsseldorf, Zürich 2000, S. 539ff.

123 Franz-Michael Konrad: Geschichte der Schule, von der Antike bis zur Gegenwart, München 2007, S. 14.

124 Ebd., S. 15.

Bildung [...] annahmen." Eine wichtige Neuerung dieser Zeit war die Tatsache, dass „auch die Mädchen Zugang nicht nur zur Elementarschule, das war zuvor schon gelegentlich Praxis gewesen, sondern nunmehr auch zum Gymnasium erhielten."[125]

Mit der Einverleibung der hellenistischen Reiche bis 30 v. u. Z. ging die politische Vorherrschaft auf Rom über. Kulturell blieb aber die griechische Kultur tonangebend. So wurde die griechische Sprache zur Sprache der Gebildeten und entsprechend in den römischen Grammatikschulen von Jungen und Mädchen erlernt. In der Blütezeit des Imperiums unter Kaiser Augustus wurde der griechische Unterrichtskanon latinisiert und die sogenannten „Septem Artes liberales", die sieben freien Künste, herausgebildet. „Frei" auch deshalb, „weil ihre Kenntnis den Menschen im geistigen Sinne freimachen sollte."[126] Sie gliedern sich in das Trivium, zu dem die Grammatik, die Rhetorik und die Dialektik gehörten, und das Quadrivium mit der Geometrie, der Arithmetik, der Musik und der Astronomie. Den Abschluss des höheren Studiums bildete in Rom die Schule des Redners. Unter Kaiser Vespasian (Regierungszeit 69–79 u. Z.) bekamen Lehrer Bürgerrechte und Besoldung aus Staatsmitteln, weshalb man von der Errichtung eines Staatsschulwesens sprechen kann.

Um das skizzenhafte Bild der griechisch-römischen Wurzeln unserer Kultur abzurunden, sei auf eine der konkurrierenden Denktraditionen verwiesen, auf die Stoa, die vor allen Dingen in der römischen Zeit einen dominanten Einfluss hatte. Auch sie wurde im klassischen Athen geboren: Stoa (griechisch für „bemalte Vorhalle") geht auf eine Säulenhalle am Marktplatz von Athen zurück, wo der Philosoph Zenon von Kition diese Denkrichtung begründete. Ihre besondere Blütezeit erreichte die Stoa in der römischen Kaiserzeit, einer ihrer einflussreichsten Philosophen war selbst römischer Kaiser: Marc Aurel (121–180 u. Z.). Das Denken der Stoa beschäftigte sich einerseits mit Physik und Kosmologie, dann mit der Erkenntnismöglichkeit des Menschen (Logik), und sie zog aus diesen beiden Disziplinen vor allem ethische Konsequenzen. Ein Zitat von Marc Aurel soll die kosmologische Grundhaltung der Stoiker andeuten:

125 Ebd., S. 19.

126 Ebd., S. 21.

> „Aus allem zusammengesetzt ist eine Welt vorhanden, ein Gott, alles durchdringend, ein Körperstoff, ein Gesetz, eine Vernunft, allen vernünftigen Wesen gemein, und eine Wahrheit, wofern es auch eine Vollkommenheit für all diese verwandten, derselben Vernunft teilhaftigen Wesen gibt."[127]

Selbst in diesen wenigen Zeilen lässt sich der pantheistische Charakter der Stoa erahnen. Wichtig in diesem Zusammenhang sind die ethischen Schlussfolgerungen, die die Stoiker aus ihrem Weltverständnis zogen. Zwei Zitate mögen auch dieses anklingen lassen:

> „Die Stoiker [...] erheben zwei grundlegende soziale Forderungen: Gerechtigkeit und Menschenliebe. [...] [Diese Forderungen] erstrecken sie auf alle Menschen, d. h., sie schließen auch die Sklaven und die Barbaren ein. [...] So sind die Stoiker die Ersten, die im Altertum einen umfassenden Humanitätsgedanken und einen ebenso umfassenden Kosmopolitismus vertreten haben."[128]

> „Es passt ganz in die [römische Kaiser-]Zeit, dass die Stoa aus dem einheitlichen Weltgesetz und der allen Menschen innewohnenden Vernünftigkeit die Idee einer weltweiten Brüderlichkeit (Kosmopolitismus) entwickelt hat."[129]

Neben der Stoa prägten die Antike weitere Denktraditionen, von denen wegen ihres dominanten Einflusses die Epikuräer und die Schule des Neuplatonismus erwähnt seien.

Auch die religiöse Landschaft der griechisch-römischen Antike war grundsätzlich von Toleranz geprägt. Man unterschied den privaten Kult einerseits, der unter staatlichem Schutz stand, und den Staatskult auf der anderen Seite. Letzterer richtete sich auf allegorische Göttervorstellungen, die über die Jahrhunderte zu einem polytheistischen

---

127 Marc Aurel, Wege zu sich selbst, Berlin 2011, S. 92.

128 Hans Joachim Störig: Kleine Weltgeschichte der Philosophie, Frankfurt am Main 1976, S. 197.

129 Helferich: Geschichte der Philosophie, S. 57.

Pantheon herangewachsen waren. Ein Beispiel hierfür ist die Göttin Victoria, deren Statue im Sitzungsgebäude des römischen Senats stand und der regelmäßig Rauchopfer dargebracht wurden, um militärisches Glück zu gewährleisten. So wurden im Römischen Reich viele Religionen und Kulte ausgeübt: das Judentum, der Mithraskult, der Kult der Isis und auch der des an Einfluss gewinnenden Christentums. Die polytheistische Denkweise machte es möglich, andere Göttermythen als von den römischen verschiedene, aber ebenso berechtigte Glaubensvorstellungen zu akzeptieren, die Ähnliches in anderen Bildern ausdrückten. So wurden die vielfältigsten Kulte unter staatlichen Schutz gestellt, wenn die Gläubigen sich durch die Teilnahme am Staatskult dem Imperium Romanum solidarisch erwiesen. Dass dies für monotheistische Christen, die an eine absolute, für alle verbindliche, von Gott geoffenbarte Wahrheit glauben, streng genommen nicht möglich ist, war ein Sprengstoff, der zum Ende der kulturellen Vielfalt der Spätantike beitragen sollte.

Allgemein bekannt ist, dass in den ersten christlichen Jahrhunderten immer wieder Christenverfolgungen stattgefunden hatten. Als missionierende Religion gewann das Christentum trotzdem an Boden, wenn auch in theologisch sehr unterschiedlichen Ausprägungen. Es wurde mit seiner gut organisierten Sozialstruktur politisch immer bedeutsamer, bis es in der katholisch-trinitarischen Variante Ende des vierten Jahrhunderts als Staatsreligion durchgesetzt wurde. Hintergrund dieser Wende waren nicht zuletzt die politisch instabilen Zeiten der Völkerwanderung, die das Imperium auch militärisch schwächten. Allerdings kamen die West- und Ostgoten, Vandalen, Sueben usw. nicht als Kulturzerstörer, wie gerne dargestellt wird, sondern als landsuchende und integrationswillige Bevölkerungsgruppen, die, nachdem sie Ende des fünften Jahrhunderts das Weströmische Reich durch germanische Reiche ersetzt hatten, die römische Kultur, die sie vorfanden, weiterführten. Auch die Germanen kamen als Christen, allerdings als arianische Christen, für die allein der „Vater“ Gott ist – aus katholischer Sicht eine Häresie.

Eine kleine Szene mag veranschaulichen, was dieser kulturelle Vorzeichenwechsel hin zur Staatsreligion bedeutet hat. 384 war Valentinian II., damals erst 13 Jahre alt, Kaiser von Westrom und stand unter der Obhut des einflussreichen Bischofs Ambrosius von Mailand, als der redegewandte heidnische Stadtpräfekt von Rom Quintus Aurelius Symmachus darum warb, den oben erwähnten Victoria-Altar, der im Zuge der Christianisierung entfernt wurde, wieder aufstellen zu lassen. Hier ein Ausschnitt seiner Argumentation:

> „Es ist billig, dass das, was alle Menschen verehren, als eines angesehen wird. Wir sehen die gleichen Sterne, der Himmel ist uns gemeinsam, das gleiche Weltall schließt uns ein. Warum ist es so wichtig, nach welcher Lehre jeder die Wahrheit sucht? Man kann nicht nur auf einem einzigen Weg zu einem so erhabenen Geheimnis finden."

Bischof Ambrosius sah den Wahrheitsanspruch des Christentums gefährdet und hielt mit seiner Autorität dagegen, drohte Valentinian sogar mit der Exkommunikation – mit dem gewünschten Erfolg. Es sollte die letzte heidnische Initiative gewesen sein.[130]

Doch es ging um mehr, als um einzelne Götterstatuen. Im theologischen Standardwerk des Kirchenhistorikers und Priesters August Franzen werden die Ereignisse des 4. Jahrhunderts nach der Mailänder Vereinbarung 313 u. Z. mit folgenden Worten beschrieben:

> „Bisher war die katholische Kirche verboten, verfolgt und gequält; nun wurde sie plötzlich vom Staat begünstigt und bevorrechtigt. [...] Das Römische Reich erhielt unter dem neuen christlichen Kaiser (Konstantin) eine andere Funktion. [...] Das Römische Reich habe also die providentielle [= von der Vorsehung bestimmte] Aufgabe gehabt, dem Christentum die Wege zur Erfüllung seiner Heilsaufgabe zu bereiten. [...] Im Reich Konstantins waren die Voraussetzungen erfüllt, die zu einer Christianisierung der Welt führen konnten. Der *Heimholung der Welt* für Christus, von der man lange geträumt habe, schien nichts mehr im Wege zu stehen.

130 Die Ereignisse sind ausführlich nachzulesen in: Hartwin Brandt: Das Ende der Antike, München [3]2007, das Zitat S. 62.

> Konstantins Söhne führten seinen Kurs fort. Constantius II. bekämpfte schon 341 Aberglauben und heidnische Opfer; im Jahr 346 ordnete er [...] vollends die Schließung der heidnischen Tempel an. [...] Die Kaiser Gratian (375–383) in der westlichen Reichshälfte und Theodosius (379–394) im Osten erhoben schließlich das Christentum zur allein berechtigten Religion im Römischen Reich (391). Im Jahr 380 verlangte ein kaiserliches Edikt von allen Untertanen die Annahme der (katholischen) Religion. Der Übertritt zum Heidentum wurde 381 unter Strafe gestellt und der römische Senat, bisher immer noch ein Hort des alten Staatskults, musste 382 dem Götterglauben feierlich abschwören. 392 erklärte ein kaiserlicher Erlass die Teilnahme am heidnischen Opferdienst im Tempel zum Majestätsverbrechen, 394 wurden die Olympischen Spiele verboten. Seitdem verschwand das Heidentum rasch aus dem öffentlichen Leben. Das Christentum war zur Staatsreligion geworden und die Kirche zur Reichskirche."[131]

Vom Geist der „Heimholung der Welt für Christus" beflügelt, zogen Christen durchs Land und „überwanden das Heidentum". So zum Beispiel der allgemein bekannte Heilige Martin von Tours (316–397), dritter Bischof von Tours in Frankreich. Der Historiker Friedrich Prinz schreibt über ihn:

> „Es entsprach der Verteufelung der paganen Götterwelt, wenn der Heilige Martin von Tour mit seinen Mönchen durch Gallien zog, die alten Kultstätten zerstörte und damit Dämonen bannte."[132]

Dieser Zerstörungswut fiel im ganzen Imperium ein Großteil antiker Kultstätten zum Opfer, die teilweise mit christlichen Kirchen überbaut wurden.

---

131 August Franzen: Kleine Kirchengeschichte, Freiburg im Breisgau ²2011, S. 71–73.

132 Prinz: Von Konstantin zu Karl dem Großen, S. 60.

Viel verheerender für das griechisch-römische Erbe war allerdings die Einstellung der Christen zur antiken Literatur und Bildung. Auch hierfür gibt der Heilige Martin von Tour ein beredtes Beispiel. Sulpicius Severus, Martin von Tours Schüler und Biograf, zitiert seines Lehrers Wahrspruch zur paganen Bildung wie folgt:

> „Nutzlos, wahnwitzig und verderblich ist es, dem kämpfenden Hektor und philosophierenden Sokrates nachzustreben, seine Hoffnungen auf Fabeleien zu setzen und die Seele damit dem Grabe, d. h. dem ewigen Tode zu überantworten.“[133]

Diese Haltung heidnischen Schrifttums gegenüber führte zu einer in der Geschichte der Menschheit beispiellosen Vernichtung kulturellen Gedankenguts. Dies geschah nicht selten durch Verbrennung heidnischer und häretischer Schriften oder durch Zerstörung ganzer Bibliotheken, ganz wesentlich aber auch durch die christliche Selektion des literarischen Erbes auf das dogmatisch Verantwortbare, die nur einen Ausschnitt des antiken Schriftgutes der Bewahrung für Wert hielt – bis das Interesse am verloren gegangenen Kulturschatz wiedererwachen sollte. Der Historiker Friedrich Prinz vergleicht den antiken Bücherbestand mit dem des karolingischen Reiches um 800 wie folgt:

> „Es gab seit Caesars Zeiten […] Riesenbibliotheken in Rom und in anderen großen Städten des Reiches […]. Im griechischen Osten gab es Bibliotheken mit jeweils Hunderttausenden von Schriftrollen. Auch die berühmteste christliche Bibliothek hatte mit 30.000 Texten beträchtliche Ausmaße. Demgegenüber brachten es selbst die herausragendsten karolingischen Bibliotheken auf höchstens 300 bis 500 Bücher. Hinzu kommt, dass die spätantiken Büchereien öffentlich waren, also einem großen Benutzerkreis offen standen, was für kirchliche Büchersammlungen nicht

133 Ebd., S. 509. Positiv sei vom hl. Martin erwähnt, dass er im ersten Ketzerprozess mit tödlichem Ausgang in Trier im Jahre 385 gegen Priscillian von Avila und seine Anhänger versuchte, das Todesurteil abzuwenden, wenn auch ohne Erfolg.

> galt. […] Es stellt sich die Frage, ob man kirchliche Lehr- und Routine-Literatur, die immer wieder dieselben Texte für Unterricht und Liturgie reproduziert und bei der – neben der Heiligen Schrift – die exegetischen Werke der Kirchenväter und ihre Traktate den Löwenanteil hatten, ohne Weiteres mit der welthaltigen und geistig vielgestaltigen antiken Literatur, ihrer großen, Natur, Menschen, Götter, Intellekt und Seele gleichermaßen umfassenden Spannweite vergleichen kann. […] Ganz zu schweigen vom Erbe naturwissenschaftlicher, technischer und medizinischer Literatur.“[134]

Es sind nicht nur heidnische Schriften, die im Fadenkreuz der Büchervernichtung standen. Ganz wesentlich ging es auch darum, die dogmatischen Grundbausteine des sich bildenden katholischen Christentums zu definieren und gegen christliche Häresien zu verteidigen. Um auch hierfür ein sprechendes Beispiel zu geben, sei der deutsche Althistoriker Hartwin Brandt zitiert:

> „Die erste Hälfte des fünften Jahrhunderts [steht] ganz im Zeichen des Christentums und vor allem der religiösen Auseinandersetzungen. […] Mit dem Häresievorwurf wurde immer großzügiger operiert, und in staatlichen Gesetzen tauchten nun 30 und mehr namentlich genannte Sekten, Teilkirchen und Abspaltungen auf. Alexandria, Antiochia und Konstantinopel waren die Haupttore der nicht selten militanten Auseinandersetzungen. Besonders tat sich dabei der Patriarch von Alexandria, Kyrill [Heiliger, Kirchenvater und Kirchenlehrer; der Autor], hervor, der den städtischen Mob gegen seine Gegner aufhetzte, der, fanatisiert und aufgeputscht, unter anderem […] die berühmte Philosophin Hypatia lynchten. Kyrills dogmatischer und politischer Gegenspieler war […] Patriarch Nestorius. Die zwischen ihnen mit allen Mitteln […] geführte Debatte drehte sich um das Wesen Jesu. Nestorius vertrat die radikale

134 Ebd., S. 539f.

> Zweinaturenlehre, gemäß welcher auch Maria nicht als Gottesgebärende gelten konnte, da sie nur den menschlichen, nicht aber den göttlichen Christus geboren hatte. Im Juni 431 fand ein (später als das dritte ökumenische gezählte) Konzil in Ephesus statt, das die Weseneinheit Christi dekretierte."[135]

Die Nestorianer wurden daraufhin exkommuniziert. Viele wanderten ins persische Sassanidenreich aus und begründeten dort eine eigene Kirche. Für das griechisch-römische Erbe wurden Nestorianer später deshalb wichtig, weil sie in Bagdad in dem 825 u. Z. von den islamischen Abbasiden-Herrschern gegründeten „Haus der Weisheit" gemeinsam mit Gelehrten vieler Kulturtraditionen literarische und philosophische Werke aus der griechischen Antike ins Arabische übersetzten. Viele Werke der griechischen Philosophie sind uns fast oder ganz ausschließlich auf diesem Weg erhalten geblieben.

Der Niedergang der Bibliotheken und die religiöse Gleichschaltung der Bevölkerung konnten nicht ohne Auswirkung auf die schulische Ausbildung breiter Bevölkerungsschichten bleiben. Hierzu Franz-Michael Konrad:

> „Nun stellte sich bald heraus, dass das Christentum, so wie es sich zu entwickeln begann, nachdem es zur Staatsreligion geworden war, funktionierender Schulen im Grunde gar nicht bedurfte. [Es zeigte sich], dass die christliche Glaubenspraxis von den Gläubigen keine Literalität verlangte. […] So ist es nicht zur Übernahme des römischen Staatsschulwesens durch die Christen, sondern […] zu einem weitgehenden Verschwinden desselben gekommen. Die Kenntnis des Lesens und Schreibens, in der römischen Antike unter der Bevölkerung weit verbreitet, verlor sich im Übergang zum

135 Brandt, Das Ende der Antike, S. 93f.

> frühen Mittelalter – und zwar praktisch vollständig nördlich der Alpen, weitgehend aber auch in Italien.“[136]

Besonders schlecht war es um die Mädchen- und Frauenbildung bestellt:

> „Die Frau war im Christentum (anders als in der heidnischen Antike oder auch bei den Germanen) vom priesterlichen Amt ausgeschlossen. Damit bestand noch weniger die Notwendigkeit, sie an der Literalität teilhaben zu lassen.“[137]

Mit Blick auf den Übergang der heidnischen Antike zum christlichen Abendland ist aber nicht nur ein gravierender Bücher- und Bildungsverlust zu beklagen. Viel gravierender war der geistige Vorzeichenwechsel. Dies lässt sich gut an den Einwänden ablesen, die schon antike Denker gegen das Christentum vorbrachten. Der 1959 verstorbene deutsche Altphilologe Wilhelm Albrecht Nestle fasst diese Einwände wie folgt zusammen:[138]

> „Fassen wir […] die Gegensätze [zwischen christlichem und antikem Denken] kurz zusammen! Dem Glauben des Christen an eine übernatürliche Offenbarung setzt der antike Mensch die natürliche Erkenntnis der Welt vermöge seines gottverwandten Geistes entgegen; der pluralistischen Trennung von Gott und Natur ihre Einheit. Für ihn ist Gott der Gott der Welt, für den Christen nur der Gott seiner Gläubigen. Für den antiken Menschen ist auch der Staat eine Gottesordnung, der Christ hat sein Bürgertum im Himmel. Denn der christenfeindliche Staat ist mitsamt der Welt, zu der er gehört, dem Untergang verfallen, für den antiken

---

136 Konrad: Geschichte der Schule, S. 22. Konrad ist Professor für historische und vergleichende Pädagogik.

137 Ebd., S. 39–40.

138 Zitat aus dem lesenswerten Artikel: „Die Haupteinwände des antiken Denkens gegen das Christentum“ (1948), in: Christentum und antike Gesellschaft, herausgegeben von Jochen Martin und Barbara Quint, Darmstadt 1990, S. 54. Siehe auch: www.chairete.de/Beitrag/Griechisch/nestle_Haupteinwaende.pdf (4/2012).

> Menschen aber ist die Welt ewig, ein gesellschaftliches Leben ohne staatliche Ordnung undenkbar. Der Schwerpunkt des Daseins wird durch das Christentum vom Diesseits ins Jenseits verschoben, in eine neue überirdische Welt, während der antike Mensch im Diesseits wurzelt. Der Tod ist für ihn ein notwendiger, gottgewollter Naturvorgang, für den Christen dagegen der Sünde Sold. Das Böse gehört für jenen mit zur Weltordnung, in der die Gottheit dafür sorgt, dass es nie im Ganzen die Oberhand bekommt, für diesen ist es das absolut Gottwidrige, die Sünde, und zieht für die Ungläubigen die ewige Verdammnis nach sich, die auch zur schwersten zeitlichen Verfehlung in einem Missverhältnis steht. […]
>
> Überblickt man die hier behandelten Einwände griechischer Denker gegen das Christentum, so wird man erkennen, dass sie in weitem Maße von dem modernen Denken geteilt werden, das sich seit rund 500 Jahren wieder an dem antiken Denken geschult hat."

Nachdem tausend Jahre zuvor die griechische Philosophie das Denken vom religiösen Glauben befreit und die Menschen auf das Fundament der Vernunft gestellt hatte, sollte für das nächste Jahrtausend das Wahrheitsstreben der Menschen erneut in ein Glaubenskorsett gezwängt werden: Die Bibel, deren Kanon sich gerade erst herausgebildet hatte, als das Wort Gottes; Dogmengeschichte und Kirchentradition gaben vor, was nicht hinterfragt werden durfte – für viele bis heute noch.

Christliches Abendland und Renaissance

Das Europa in den nun folgenden weit über 1.000 Jahren lässt sich mit gutem Grund als christliches Abendland bezeichnen. Zum einen ist das gesamte gesellschaftliche Leben dieser Zeit vom christlichen Glauben bestimmt. Zum anderen verteidigte man seit Karl Martell (Sieg gegen die Araber bei Tours im Jahre 732) das Abendland gegen den Islam.

Mit dem Reich der Franken unter Karl dem Großen verlagerte sich der kulturelle Schwerpunkt nach Norden, und es bildeten sich die feudal- und später territorial-staatlichen politischen Strukturen heraus, die im frühneuzeitlichen Absolutismus gipfelten. Stabilisiert wurden diese Strukturen dadurch, dass das gesellschaftliche Leben eines jeden Menschen durch seine Zugehörigkeit zu einem der drei Stände festgelegt war. In der hierarchischen Gesellschaftsordnung hatte man der Obrigkeit zu gehorchen, dem Klerus auf der geistlichen und dem Adel auf der weltlichen Seite. Diese beiden Stände machten quantitativ nur wenige Prozent der Bevölkerung aus; sie genossen gottgewollte Vorrechte, wenn sie die Erwartungen, die man ihnen entgegenbrachte, erfüllten. An der Spitze der Hierarchie stand der Herrscher von Gottes Gnaden. Den Hauptteil der Bevölkerung aber stellten Bauern, Handwerker, später auch Stadtbürger, die größtenteils Unfreie waren oder nur über eingeschränkte Privilegien verfügten.

Das Christentum prägte schon deshalb das Denken dieser Epoche, weil der alleinige Bildungsträger die katholische Kirche war. Pulsader des geistigen Austauschs war das immer enger werdende Netz aus Klöstern mit seinen Bibliotheken, das sich über ganz Europa erstreckte. Das klerikale Bildungsnetz hob sich sprachlich von den regionalen Dialekten ab, indem der geistige Austausch ausschließlich in Kirchenlatein stattfand. Selbst die Bibel und die christliche Liturgie waren nur demjenigen sprachlich zugänglich, der des Lateinischen mächtig war. Das Gros der Bevölkerung war in Bezug auf Bildungsinhalte auf die Vermittlung durch Kleriker angewiesen oder erfuhr durch die Bilderwelt der Kapellen und Kirchen von zentralen christlichen Glaubensinhalten.

Die Konsolidierung des karolingischen Reiches machte eine auf Schriftlichkeit beruhende Verwaltung notwendig. Dadurch entstand im frühen Mittelalter ein Kloster- und Domschulwesen, in dem neben dem Klerus (innere Schulen) auch Adlige ausgebildet wurden (äußere Schulen). Erst das Zeitalter mittelalterlicher Stadtgründungen (12. und 13. Jahrhundert) und die damit verbundene Entstehung eines wohlhabenderen Stadtpatriziats, zum Beispiel aus sehr reichen Kaufmannsfamilien, wie den Fuggern, begünstigte das Entstehen eines weltlichen Schulwesens. „Gleichwohl blieb der Zusammenhang von Klerikalität und Bildung im ganzen Mittelalter so eng, dass man einen jeden, der des Lesens und Schreibens mächtig war, selbst wenn er dem Laienstand angehörte, ‚Klerikus' nannte (noch heute ist im Englischen der ‚clerk' ein Schreiber bzw. Gelehrter)."[139]

Das christlich geprägte Erziehungswesen dieser Zeit steht in scharfem Kontrast zu dem, was Schule und Bildung in der Antike ausgemacht haben. Friedrich Prinz schreibt hierzu:

> „Man hat mit Recht davor gewarnt, dass qualitativ völlig andere der kirchlichen [...] Erziehung gegenüber der traditionellen antiken Bildung zu übersehen; nicht Grammatik und Rhetorik, sondern der Psalter: Religiöses Dokument, [...] Lexikon und Dichtung in einem, stehen im Mittelpunkt des menschlichen Tagesablaufes, sind gleichzeitig Propädeutik und Paränese (Rat, Ermahnung). Nicht organisierte Wissensvermittlung, sondern Erweckungserziehung [...] sind für das frühe benediktinische Kloster wie auch in späteren Jahrhunderten [...] typisch."[140]

Der christliche Glaube wurde im Laufe der Jahrhunderte des Mittelalters immer wieder aufs Neue vom Erbe der antiken Kultur herausgefordert. Besonders wichtig ist hierbei die Tatsache, dass die arabische Welt nicht nur, wie oben beschrieben, antike Literatur ins Arabische übersetzte, sondern den weltoffenen und die Wissenschaftlichkeit betonenden Geist

139 Konrad: Geschichte der Schule, S. 29.

140 Prinz: Von Konstantin zu Karl dem Großen, S. 514.

der Antike übernommen hatte und dabei eine kulturelle Blüte durchlebte. Zentral waren hierbei die Auseinandersetzung mit den Schriften des Aristoteles, aber auch die astronomischen Kenntnisse der hellenistischen Schule von Alexandria, zusammengefasst in den Werken des Ptolemäus.

Die Kriege im Heiligen Land im Rahmen der Kreuzzüge und die damit einhergehende Begegnung mit Byzanz führten dazu, dass antike Schriften vermehrt auch in Europa verfügbar wurden. Die so entstandene geistige Regsamkeit überstieg die Möglichkeiten der Kloster- und Domschulen, sodass in schneller Folge Universitäten entstanden. Diese ermöglichten dem Denken und Forschen mehr Freiräume vor kirchlicher Bevormundung. Eine eigene philosophische Methodik entwickelte sich. Gründungsväter waren beispielsweise Anselm von Canterbury (1033–1109), der für seinen ontologischen Gottesbeweis bekannt wurde, und Petrus Abaelardus (1079–1142). In seiner Schrift „Sic et non" zeigt Abaelardus, wie man mit einer ausgefeilten Argumentationsmethode Widersprüche zwischen der Dogmatik des Glaubens und den Aussagen führender Autoritäten abhandeln kann. Die mit äußerster Akribie durchgeführte Argumentationstechnik ist als scholastische Methode bekannt (von Scola = Schule).

Die Jahrhunderte andauernde Auseinandersetzung mit den Mauren in Spanien im Zuge der „Reconquista" führte für die Gelehrten aller drei Weltreligionen zu einer intensiven kulturellen Begegnung. Die von den Arabern geretteten antiken Werke, unter anderem Euklids „Elemente", Aristoteles „Buch zur Physik" und der „Almagest" des Ptolemäus, wurden ins Lateinische übersetzt und damit den Studierenden des Mittelalters bekannt. Von Spanien aus fanden diese Schriften im lateinischen Europa schnell Verbreitung. Vielfach wurden die vorchristlichen, also heidnischen Gedankengänge als Herausforderung oder gar Bedrohung für den christlichen Glauben empfunden. So kam es im Laufe des 13. Jahrhunderts mehrfach zu päpstlichen Verboten, die Physik und Metaphysik des Aristoteles in der Artistenfakultät (von „Artes liberales") der Pariser Universität Sorbonne zu lehren, bevor sie von dem Verdacht der Irrlehre bereinigt seien (Pariser Verurteilungen).

Die Schriften des Aristoteles boten dem mittelalterlichen Gelehrten ein philosophisches Gedankengebäude an, das dem Verstand überzeugende Wahrheiten über den Gesamtaufbau der Welt lieferte. Ausgangspunkt war die unmittelbare, alltägliche Erfahrung ohne metaphysischen Überbau. Aristoteles war hierbei so überzeugend, dass man ihn schlichtweg „den Philosophen" nannte. Allerdings wollten sich die aristotelischen Vorstellungen nicht so einfach mit den christlichen Glaubenswahrheiten vereinbaren lassen. Die aristotelische Philosophie störte dadurch die jahrhundertealte augustinische Synthese von Philosophie und christlichem Glauben. Der Gelehrsamkeit des Mittelalters drohte eine Zerreißprobe zwischen der geistlichen Wahrheit des Glaubens und der weltlichen Wahrheit der Vernunft.

Tatsächlich betonte Siger von Brabant, Magister der Artistenfakultät seit spätestens 1266, die Differenz zwischen der Vernunfterkenntnis („scientia") und dem Glauben („fides") und sprach von einer doppelten Wahrheit. Den hierdurch entstehenden Grundkonflikt formuliert der Pariser Bischof Tempier in seinem Verurteilungsschreiben gegen die aristotelischen Schriften, wenn er feststellt,

> „dass einige Lehrer der freien Künste zu Paris die Grenzen ihrer eigenen Fakultät überschreiten und es wagen, die verabscheuenswürdigen Irrlehren und falschen Hirngespinste als behandlungswürdige Probleme abzuhandeln und zu disputieren. [...] Sie sagen nämlich, diese Irrlehren seien wahr im Sinne der Philosophie, aber nicht im Sinne des christlichen Glaubens, als gebe es zwei gegensätzliche Wahrheiten und als stehe gegen die Wahrheit der Heiligen Schrift die Wahrheit in den Schriften der gottverworfenen Heiden."[141]

Als Leser des 21. Jahrhunderts versteht man den formulierten Konflikt als Dissonanz zwischen geglaubten Wahrheiten und wissenschaftlich gefundenen Erkenntnissen – ein bis heute aktuelles Thema!

---

141 Peter Grabher: Die Pariser Verurteilung von 1277, Diplomarbeit Universität Wien, September 2005, S. 22.

Man kann es als eine Ironie des Schicksals verstehen, dass zum Zeitpunkt der letzten Pariser Verurteilung 1277 die Geistesgröße schon drei Jahre verstorben war, die für die katholische Welt die eingeforderte Synthese zwischen Glauben und Vernunft vollbracht hatte. Thomas von Aquin steht bis auf den heutigen Tag für den Vernunftoptimismus der katholischen Theologie. Seine Synthese, formuliert in einem bewundernswert umfangreichen Werk, geht methodisch davon aus, dass Glaubens- und Vernunftwahrheiten sich nicht grundsätzlich widersprechen könnten, denn beide Wege zur Wahrheit seien von Gott gegeben.

Die zentralen christlichen Wahrheiten, die 325 u. Z. im Konzil von Nicäa dogmatisiert wurden und den Christen aller großen Konfessionen als „Credo" geläufig sind, können nur mit dem Glauben erfasst werden. Die trinitarische Struktur Gottes als Vater, Sohn und Heiliger Geist, die Doppelnatur Christi als wahrer Mensch und wahrer Gott und seine Heilstat am Kreuz sind nach Thomas von Aquin der Vernunft nicht zugänglich, sondern ausschließlich dem Glauben. Der Philosophie kommt die Aufgabe zu, christliche Wahrheiten gegen widersprechende Argumente zu verteidigen. Damit erhalten die Glaubenswahrheiten gegenüber der Vernunft eine Vorrangstellung, von ihrer Wahrheit hat das Denken auszugehen; sie kann ihnen nicht widersprechen, da sie aus der Gnade Gottes dem rechtgläubigen Menschen gegeben wurden. Die Philosophie bleibt damit die „Magd der Theologie", zumindest was übernatürliche Wahrheiten anbelangt. Das Feld der Natur ist der Vernunft freigegeben, solange die in der Überlieferung geoffenbarten Wahrheiten unangetastet bleiben. Mit dieser Grundeinstellung kann Thomas die skeptische Haltung gegenüber der aristotelischen Philosophie aufgeben. Den Siegeszug seiner Gedanken konnte nichts mehr aufhalten, auch nicht die Pariser Aristotelesverurteilung. Schon 1323 wurde Thomas von Aquin heiliggesprochen, 1567 gar in den Stand des Kirchenlehrers erhoben.

Das Primat des Glaubens und seine Magd, die Philosophie: Diese Haltung zieht sich als thomistische Philosophie durch die offizielle katholische Theologie, bis auf den heutigen Tag. So leitet Papst Johannes Paul II. 1998 seine Enzyklika „Fides et Ratio“ (Glaube und Vernunft) mit den Worten ein:

> „Glaube und Vernunft sind die beiden Flügel, mit denen sich der menschliche Geist zur Betrachtung der Wahrheit erhebt.“[142]

Und er endet mit Blick auf die Jungfrau Maria, die das „Gebet der Kirche als Sitz der Weisheit anruft“:

> „Wie die Jungfrau berufen wurde, ihr ganzes Sein als Mensch und Frau darzubringen, damit das Wort Gottes Fleisch [...] werde, so ist die Philosophie berufen, ihre kritische Vernunftarbeit zu leisten, damit die Theologie als Verständnis des Glaubens fruchtbar und wirksam sei.“[143]

In seinen Darstellungen würdigt Johannes Paul II. die Philosophie des Thomas auch für die Theologie nach der katholischen Erneuerung des Zweiten Vatikanischen Konzils (1962–1965) und bekräftigt das Anliegen der Enzyklika „Aeterni Patris“ des Papstes Leo XIII.[144]

Papst Leo XIII. hatte 1879 mit dieser Enzyklika eine neue Phase der thomistischen Philosophie eingeleitet und Thomas zum zentralen katholischen Philosophen erhoben. In unmissverständlichen Worten bekräftigt er die katholische Erkenntnishaltung. Daher einige Zitate aus dieser Enzyklika:

> „Der eingeborene Sohn [...] hat der Welt eine wahrhaft [...] wunderbare Wohltat erwiesen, als er [...] die von ihm

---

142 Siehe Johannes Paul II.: Fides et Ratio. An die Bischöfe der katholischen Kirche über das Verhältnis von Glaube und Vernunft, 1998, Grußwort, online unter: www.vatican.va/edocs/DEU0074/_INDEX.HTM (8/2012).

143 Ebd., Schluss.

144 Alle Zitate aus „Aeterni Patris“, online unter: www.stjosef.at/dokumente/aeterni_patris.htm (8/2012).

> gegründete Kirche als […] oberste Lehrerin aller Völker zurückließ."
>
> „In der Tat hat der barmherzige Gott […] nicht bloß jene Wahrheiten durch das Licht des Glaubens geoffenbart, welche der menschliche Verstand aus sich nicht zu erkennen vermag, sondern auch solche […], welche für die Vernunft nicht vollständig unbegreiflich sind."
>
> „Auch das endlich ist die Aufgabe der philosophischen Wissenschaften, die von Gott geoffenbarten Wahrheiten sorgfältig zu verteidigen und denen, welche sie zu bekämpfen wagen, entgegenzutreten. Zu dieser Beziehung verdient die Philosophie großes Lob, da sie als eine Schutzwehr des Glaubens und ein festes Bollwerk der Religion gilt."
>
> „Die Philosophie soll als Dienerin der göttlichen Lehre folgen. […] Sie darf sich nicht über die Lehren des Glaubens hinwegsetzen. […] Sie ist nicht irrtumslos […]. Ohne Glauben geht die Philosophie in die Irre […]. Mit dem Glauben leistet sie Großes" […]. [Thomas von Aquin ist] der Fürst unter den Scholastikern […]. Er zeigt die Harmonie von Vernunft und Glaube […]. [Die Lehre des heiligen Thomas] ist keine Feindin des Fortschritts in den Naturwissenschaften."

Die Naturwissenschaft ist nach katholischer Auffassung keine Feindin des Glaubens, solange sie sich in den Grenzen bewegt, die ihr die geoffenbarten Wahrheiten Gottes setzen. Man darf natürlich fragen: Wie sollte sie diese übertreten, wenn es ihr verboten ist?[145]

145 In der Auseinandersetzung mit der Evolutionstheorie stellt sich die katholische Kirche oft demonstrativ hinter die naturwissenschaftliche Position und gegen den evangelikalen Frontalangriff im Gewand der „Intelligent-Design-Bewegung". Wer allerdings beispielsweise das Buch von Christoph Kardinal Schönborn „Ziel oder Zufall" liest, wird feststellen, dass es sich um wenig mehr als ein Lippenbekenntnis handelt, das zwar eine wörtliche Bibelauslegung ablehnt, aber den Kern des naturwissenschaftlichen Verständnisses von Evolution ablehnt.

Der Beitrag des Christentums

Bekanntlich waren es nicht nur philosophische Werke der griechisch-römischen Antike, die an der Wende vom Mittelalter zur Neuzeit kulturell rezipiert wurden. Man denke zum Beispiel an die Kunstwerke der italienischen Renaissance, die christliche und antike Themen miteinander verwoben. Sehr unterschiedlich war die Haltung, die dem antiken Erbe gegenüber eingenommen wurde. Vielfach kam es zur Glorifizierung der Antike, verbunden mit einer kritischen Distanz zur christlichen Folgezeit. Dies lässt sich am Bedeutungswandel des Terminus „Mittelalter“ ablesen:[146] Verstand man in der theologischen Geschichtsschreibung unter dem „Mittelalter“ die Zeit zwischen der Erscheinung Christi und dem Ende aller Zeiten, das in dem Jüngsten Gericht gipfeln wird, so wertete man ab dem 14./15. Jahrhundert im Renaissance-Humanismus mit dem Begriff „Mittelalter“ die „barbarische (auch gotische) Gegenwart und Vergangenheit ab“[147] als Zeit zwischen der verherrlichten römischen Antike und der sich anbahnenden geschichtlichen Erneuerung. Interessant ist, dass mit dem Begriff „Mittelalter“ in der protestantischen Geschichtsschreibung die Zeit zwischen der glorifizierten „Urkirche“ und der Reformation als Zeit des Verfalls markiert wird.[148]

Wie auch immer man das christliche Mittelalter bewertet und man damit Geschichte gliedert, es ist außer Zweifel, dass die Entwicklung zum neuzeitlichen Europa ganz wesentlich mit einer Rückbesinnung auf die Antike begonnen hat. Damit stellt sich natürlich die Frage nach dem spezifischen Beitrag des Christentums zur Gestalt Europas heute. In einem Essay zur Besinnung auf europäische Werte brachte der damalige Ratsvorsitzende der evangelischen Kirche in Deutschland, Wolfgang Huber, diese Frage auf folgenden Punkt:

146 Siehe: Der große Ploetz, Frankfurt am Main [32]1998, S. 355.

147 Ebd.

148 Ebd.

> „Nur Europas kulturelle und religiöse Geschichte begründet, warum wir Europa einen Kontinent nennen. Für diese kulturelle und religiöse Prägung sind drei Namen kennzeichnend: Athen, Rom und Jerusalem.
>
> Den Griechen verdankt Europa den Geist der Philosophie, den Aufbruch zur Wissenschaft, die Offenheit für die Künste. Ein Erbe ist das übrigens, dessen Überlieferung zu einem erheblichen Teil dem mittelalterlichen Islam zu verdanken ist. Den Römern verdankt Europa die Stiftung einer Rechtsordnung, den Sinn für politische Einheit und gestaltete Herrschaft. Jerusalem schließlich verdankt Europa die Bibel, die prägende Religion, das bestimmende Bild vom Verhältnis zwischen Gott und Mensch."[149]

Huber verwendet einige Gedanken auf die alles andere als selbstverständliche Rede von der „jüdisch-christlichen" Tradition, die er zum Titel seiner Ausführungen gewählt hatte. Auf sie sei eingegangen, weil im politischen Diskurs neuerdings gerne von dieser jüdisch-christlichen Tradition gesprochen wird.

Bekanntlich war das Verhältnis des Christentums zur jüdischen Minderheit in allen Jahrhunderten, milde ausgedrückt, angespannt. Huber führt in diesem Zusammenhang zwei theologische Sichtweisen des Verhältnisses von Judentum und Christentum an. Die eine stellt das sogenannte „Substitutionsmodell" dar. Es geht von der These aus, dass „das Judentum der letzten Jahrhunderte vor Christi Geburt erlahmt und verkrustet" gewesen sei, wogegen „das frühe Christentum eine Gegenbewegung" dargestellt habe, mit der eine „Erneuerung des Glaubens an einen Gott und zugleich eine Grenzüberschreitung über das jüdische Volk hinaus" vollzogen worden sei:

> „Dieses Modell knüpft theologisch an den Gedanken des Bundes an, den Gott mit den Menschen schließt. Im

149 Wolfgang Huber: „Die jüdisch-christliche Tradition", in: Joas/Wiegandt (Hrsg.): Die kulturellen Werte Europas, die folgenden Zitate aus diesem Aufsatz.

> Schöpfungsbund Gottes, der sich nach der Sintflut im Bund Gottes mit Noah erneuert, hat diese Vorstellung ihren Grund. […] Die Tora und in ihrer Mitte die Zehn Gebote, der Dekalog, werden zur Urkunde dieses Bundes. Doch Israel selbst verliert diese Sonderstellung als Gottesbundesvolk, in dem es sich nicht für das Kommen des Messias öffnet, sondern von Jesus als dem Messias abwendet. Seitdem ersetzt die christliche Kirche Israel als Bundespartnerin Gottes."

Eine Überwindung dieser den jüdisch-christlichen Dialog behindernden Sichtweise habe das „Modell der zwei Wege" möglich gemacht, das auf Franz Rosenzweig zurückgeht, einen deutsch-jüdischen Historiker und Philosophen Anfang des 20. Jahrhunderts. Dieses „heilsgeschichtliche Konzept" betone „den Gedanken der Kontinuität". Es sage aus, „dass es zwei Wege zu dem einen Gott gibt. Der Weg der Juden zu Gott geht mit Mose und der Tora, der Weg der Christen zu Gott geht mit Jesus und dem Evangelium." Wolfgang Huber hebt hervor:

> „Nur in diesem Horizont kann die christliche Theologie es heute wagen, von einer jüdisch-christlichen Tradition zu sprechen."

Man muss sich über die versöhnlichen Töne zum jüdisch-christlichen Verhältnis freuen, sollte aber nicht vergessen, dass sie ein Produkt moderner Theologie sind. Die europäische Geschichte wurde von einer weniger versöhnlichen Haltung der beiden Religionen bestimmt.[150]

---

150 Wenn es IHN denn gibt, so darf man kritisch anmerken, warum gibt es dann nur zwei Wege und nicht so viele, wie sich Menschen auf die Suche machen? Aber gerade darin liegt die besondere Schwierigkeit monotheistischer Weltgebäude, ganz andere Zugänge zur „höheren" Wirklichkeit ohne Einschränkung als gleichwertig zuzulassen. Wie schwer das trotz redlichen Bemühens fällt, wird in der schon zitierten Passage des katholischen Katechismus deutlich (Abschnittsnummer 843): „Die Kirche anerkennt bei den anderen Religionen, dass sie, wenn auch erst ‚in Schatten und Bildern', nach Gott suchen. Er ist ihnen noch unbekannt, aber doch nahe, da er allen Leben, Atem und alles gibt und da er will, dass alle Menschen gerettet werden." Somit betrachtet die Kirche alles, was sich in den Religionen an Wahrem und Gutem findet, „als Vorbereitung für die Frohbotschaft und als von dem gegeben […], der

In den dankenswert klaren Formulierungen Wolfgang Hubers wird zugleich deutlich, worin der Beitrag des Christentums zur europäischen Kulturtradition bestand und besteht, worin aber auch nicht. Denn dem Christentum verdankt Europa die Bibel und mit ihr das bestimmende Bild vom Verhältnis zwischen Gott und Mensch. Und so ist ihm wichtig zu betonen:

> „So wenig es einen Grund gibt, das Christliche an Europa zu marginalisieren, so unbegründet ist es auch, Europa mit dem Christentum gleichzusetzen. Für keine Epoche der europäischen Geschichte ist das angemessen."

Es ist also auch aus der Sicht eines aufgeklärten Theologen wenig nützlich, Europa den Stempel des christlichen Abendlandes aufzudrücken, sondern es gilt, den spezifischen Beitrag des Christentums zu sehen, wobei es jedem Einzelnen überlassen bleiben muss, welches Verhältnis er zum Christentum einnimmt.

Mit dem Hinweis auf die „Bibel" und das dort beschriebene Heilsgeschehen ist zum einen auf den Inhalt der christlichen Glaubenswelt verwiesen, zum andern aber auch auf das Verhältnis, das der Gläubige zur Bibel einnimmt. Wie im Judentum die Tora, im Islam der Koran oder in der Bahai-Religion die Schriften des Baha'u'llah wird die Bibel für Christen als Offenbarung Gottes gesehen, die an sich nicht infrage gestellt wird, sondern nur verschiedene Auslegungen erfahren kann. Deswegen bezeichnet man diese Religionen auch als Buch-Religionen. Ganz anders gestaltet sich das Verhältnis zu einem philosophischen Text: Kein philosophisches Werk steht in einer mit einem Offenbarungstext vergleichbaren Weise im Fokus des Lesenden. Im Gegensatz zu asiatischen Religionen, wie beispielsweise dem Buddhismus, bei dem eine Meditationspraxis im Zentrum des religiösen Lebens steht, konstituiert sich das Christentum als Offenbarungsreligion durch das Bekenntnis seiner Anhänger zu den „Offenbarungswahrheiten" der Bibel und, besonders

---

jeden Menschen erleuchtet [...]." Von einer Begegnung der Kulturen und Religionen auf Augenhöhe ist diese Haltung offensichtlich weit entfernt.

im katholischen Fall, der Dogmen und der Tradition. Nicht umsonst sind die christlichen Kardinalstugenden „Glaube, Liebe und Hoffnung". Mit „Liebe" ist die Doppel-Liebe zum christlichen Gott einerseits und zum „Nächsten" andererseits gemeint; Inhalt der „Hoffnung" ist das ewige Leben im christlichen Himmel unter Vermeidung ewiger Verdammnis nach dem Jüngsten Gericht. Wie schon im zweiten Kapitel anhand des katholischen Katechismus gezeigt, bildet entsprechend dem biblischen Inhalt die Heilsgeschichte den Rahmen, in dem sowohl die Naturgeschichte als auch die Menschheitsgeschichte samt ihrer Zukunft gesehen wird.

Wie sehr die biblische Interpretation der Welt noch im ausgehenden Mittelalter bestimmend war, zeigt die 1493 in Nürnberg erschienene „Schedel'sche Weltchronik". Mit der Bibel gehört die Weltchronik zu den frühesten Druck-Erzeugnissen der gerade entwickelten Buchdruckerkunst. Sie gliedert die Weltgeschichte vom Standpunkt der christlichen Heilslehre. Gemäß der Genesis beginnt sie mit der Erschaffung der Welt, die im Sinne der christlich-aristotelischen Kosmologie sphärisch geordnet war mit der ruhenden Erde im Mittelpunkt, umgeben von den Planetensphären bis hin zu den Heiligen, die den Allmächtigen flankieren und die gesamte Welt umhüllen. Dann beginnen die sieben Weltalter: 1. Weltalter: Erschaffung Evas – Sündenfall – Vertreibung, 2. Weltalter: Bau der Arche bis zur Zerstörung von Sodom und Gomorrha, 3. Weltalter: Abraham, Moses, Griechenland und seine Götter, Geschehen um Troja etc., 4. Weltalter: Könige David und Salomo, Geschichte des Römerreiches etc., 5. Weltalter: Babylonische Gefangenschaft der Juden, Alexander der Große etc., 6. Weltalter: Beginn mit Leben und Passion Christi bis in die Gegenwart des Autors der Chronik und schließlich das siebte und letzte Weltalter, das mit dem Auftreten des Antichristen, der Apokalypse und dem Jüngsten Gericht enden wird. Besonders wertvoll ist die Chronik durch viele authentische Städteansichten, die dem wachsenden Interesse an Naturwissenschaften und Reiseberichten zu verdanken sind.[151]

Wie vor einem halben Jahrtausend für die Autoren der Schedel'schen Chronik, so bildet auch heute noch für konsequent an der Bibel orientierte, im Sinne des Religionsmonitors hochreligiöse Christen die Heilsgeschichte den Blickwinkel, aus dem die gesamte Kulturentwicklung betrachtet wird. So wundert es nicht, dass aus dieser Sicht „unsere Kultur" in toto als „christliche Kultur" angesprochen wird, auch wenn dies nur für den religiösen Bereich zutrifft und auch da, wie gezeigt wurde, immer weniger.

Der Beitrag der Naturwissenschaften

Die naturwissenschaftliche Erforschung der Welt und die dadurch möglich gewordene Technik und Medizin, die das moderne Leben mit seinen Licht- und Schattenseiten möglich gemacht hat, bestimmt die Kultur sicher ebenso wie das Verhältnis, das der Einzelne zu seinem Gott einnimmt. Auch hierfür lieferte die Antike, vor allem in der hellenistischen Blüte der Naturwissenschaften und Mathematik, eine Basis. So wurde Kopernikus zu seinem kühnen Akt, die Erde und mit ihr den Menschen ihrer Zentralstellung im Kosmos zu berauben, durch Aristarch von Samos angeregt, von dem ähnliche Gedanken überliefert sind. Von Kopernikus, dessen Werk im nachfolgenden Jahrhundert auf den Index verbotener Bücher kam, geht der Weg zu Giordano Bruno, der als Erster den Gedanken eines unendlich großen Universums dachte und unter anderem wegen der Konsequenzen dieser Gedankengänge für die Sicht auf das Göttliche dem Feuer überantwortet wurde. Dann führte er weiter über Galileo und Kepler zu Newton, deren Beiträge ein Verstehen natürlicher Zusammenhänge in bis dahin ungeahntem Ausmaß möglich machten, sodass Laplace Anfang des 19. Jahrhunderts sagen konnte: „Die Hypothese Gott brauchen wir nicht mehr". Die klassische Physik

151 Siehe: Elisabeth Rücker: Die Schedelsche Weltchronik. Das größte Buchunternehmen der Dürer-Zeit, München 1973.

Newtons, später durch Relativitätstheorie und Quantenphysik erweitert, führte in die moderne Kosmologie, die heute die Erde und alles Leben und damit auch die Existenz unserer forschenden Spezies sowohl räumlich wie zeitlich als unvorstellbar winzige Ausnahmesituation in einem gigantischen Materiegeschehen erscheinen lässt. Es ist kein Wunder, dass diese Veränderungen unseres kosmologischen Weltbildes viele Menschen erschrecken, sodass sie sich lieber in den überschaubaren Horizont biblischer Geschichte zurückflüchten. Freud hat die kopernikanische Wende, die diese Entwicklung eingeleitet hatte, sicher nicht zu Unrecht als „erste narzisstische Kränkung" der Menschheit bezeichnet.

Noch grundlegender als durch die moderne Kosmologie wird die biblische Welterklärung durch die moderne Evolutionstheorie infrage gestellt. Entsprechend heftig wird sie gerade von bibeltreuen Christen bis in die Gegenwart angegriffen. Nicht ohne Grund. So hat man noch bis ins 18. Jahrhundert hinein entsprechend dem Schöpfungsgedanken die Welt statisch gedacht: Sowohl die Pflanzen- und Tierarten als auch die Landschaft, in der wir leben, wurden als Produkt des Schöpfungsaktes Gottes am Anfang der Zeit gesehen, der entsprechend der Genealogie der Bibel vor etwa 6.000–10.000 Jahren stattgefunden haben muss. Indem die moderne Forschung die Entstehung der Erde allerdings über 4 Milliarden Jahre in die Vergangenheit zurückversetzt, summieren sich die fast unmerklichen Veränderungen im Erfahrungsbereich eines einzelnen Menschen zu den großen Sprüngen, die eine Entwicklung auch des Menschen letztlich aus bakteriellen Vorfahren denkbar werden lässt. Zudem lieferte Darwin und die später erweiterte (synthetische) Evolutionstheorie eine überzeugende natürliche Erklärung für die Entstehung der Arten einschließlich des Menschen, eine Erklärung, die sowohl experimentell als auch über entsprechende Fossilfunde in ihren Grundzügen als abgesichert gelten darf.

Das evolutionäre Denken hat weit über die Biologie hinaus ausgestrahlt: Mit der Kontinentalverschiebungstheorie erscheint auch unser Planet in ständiger Veränderung, das Gleiche gilt für den Kosmos als Ganzes, der mit dem Urknall einen Anfang hatte und seitdem in ständiger Veränderung begriffen ist. Selbst geistige Phänomene, wie das Entstehen und Vergehen der Religionen und Kulturen, werden heute als Ergebnis kultureller Evolution verstanden.

Mit dem Gedanken der „Creatio continua“ versucht die katholische Kirche in der Diskussion um die Intelligent-Design-Theorie ihre Nähe zur Naturwissenschaft unter Beweis zu stellen. Bei näherem Zusehen bleibt diese postulierte Nähe oberflächlich, schließt sie doch wesentliche Ergebnisse der Evolutionsforschung aus.[152] So lassen Evolutionsprozesse kein übergeordnetes Ziel erkennen, auch der Mensch entstammt keiner zielgerichteten Evolutionslinie: Wäre dem so, man hätte sie gefunden. Damit schließt sich der Mensch, wenn auch mit einer besonderen Mischung von Fähigkeiten, an die ihm stammesgeschichtlich nah verwandten Tiere an. Der „Mensch als Krone der Schöpfung“, diese biblische Sonderstellung des Homo sapiens lässt sich evolutionsbiologisch nicht halten. Im Gegenteil: Wir sind die Neandertaler von morgen! Will heißen, sollte der Mensch sein Leben nicht selbst zunichtemachen, steht ihm noch eine lange evolutionäre Zukunft bevor, genauso wie sich die Evolution des Menschen in die Vergangenheit weit über die historischen Zeitdimensionen hinaus erstreckt hat. Die frühesten Funde, die wir heute dem Homo sapiens zuordnen, liegen 200.000 Jahre, die der Vorfahren (Homo erectus) weit über 1 Million Jahre zurück.

Damit stellt sich natürlich die Frage, wo, wann und wie man in diese Geschichte des Menschen einen Sündenfall hineinsehen möchte; genauso wie die Frage aufgeworfen wird, wo in Zukunft ein apokalyptisches Ende der Welt und mit ihm die Wiederkunft Christi stattfinden soll, denn die Erde wird noch rund 1 Milliarde Jahre oder mehr bewohnbar bleiben – sofern Homo sapiens, der wie keine andere Spezies zuvor in die Ökologie der Erde eingreift, sich der Verantwortung bewusst wird, die er angesichts einer solch immens langen Zukunft trägt. Gerade hier zeigt das biblische Weltbild mit seinem Fokus auf ein nahzeitliches Ende der Welt große

152 Siehe hierzu beispielsweise die Veröffentlichung von Kardinal Christoph Schönborn: Ziel oder Zufall? Schöpfung und Evolution aus der Sicht eines vernünftigen Glaubens, Freiburg im Breisgau, Basel, Wien 2007.

Schwächen. Denn woher soll die Motivation kommen, sich maximal für das fragile Ökosystem der Erde einzusetzen, wenn man zugleich zutiefst davon überzeugt ist, dass das Ende und damit das erhoffte ewige Leben in nicht allzu ferner Zukunft liegt?

Ehrlicher als das Lippenbekenntnis zur Evolution von katholischer Seite fällt die Stellungnahme der „Studiengemeinschaft Wort und Wissen" aus, die die Intelligent-Design-Bewegung in Deutschland vertritt und Einfluss auf den Biologieunterricht zum Beispiel in evangelischen Schulen nimmt. In ihrer Schrift „Schöpfung (o)der Evolution" wird deutlich gemacht, wie wenig das evolutionäre Weltbild der modernen Biologie mit der biblischen Heilsgeschichte zusammengedacht werden kann, sodass dem Christen eine vorwissenschaftliche Glaubensentscheidung abverlangt werden muss:

> „Die Autorität der Bibel lässt sich grundsätzlich nicht durch schöpfungstheoretische Denkmodelle begründen. Die (auf dem Glauben an Jesus Christus beruhende) Überzeugung von der verbindlichen Wahrheit biblischer Offenbarung ist Grundlage der Schöpfungslehre und bleibt für diese nicht hinterfragbar."[153]

Vor diesem Hintergrund entwirft die Intelligent-Design-Bewegung ihre „Schöpfungslehre", die besonders grotesk wird, wenn sie die über vier Milliarden Jahre Erdgeschichte in einen biblischen und damit historischen Zeithorizont von ca. 10.000 Jahre hineingeheimnisst. Die Inkompatibilität von christlichem und naturwissenschaftlichem Weltbild wird dabei mehr als bestätigt.

Aus der langen Liste der Erkenntnisse moderner Naturwissenschaft, Psychologie oder auch Geschichtsforschung sei noch ein weiterer Punkt angemerkt, der das biblische Selbstverständnis des Menschen infrage stellt. Das „große Urteil" am Jüngsten Gericht setzt voraus, dass der Mensch aus freiem Willen handelt. Die moderne Gehirnforschung wirft aber nun die

153 Studiengemeinschaft Wort und Wissen: Schöpfung (o)der Evolution? Denkansätze zwischen Glauben und Wissen, Neuhausen-Stuttgart 2001.

Frage auf, wie frei dieser Wille eigentlich ist, bis dahin, dass der freie Wille insgesamt infrage gestellt wird. Schon Sigmund Freud zeigte, dass das bewusste Ich des Menschen gegenüber dem Unbewussten, das uns leitet, nur einen kleinen Teil ausmacht. Diese Erkenntnis bezeichnete er als die „dritte narzisstische Kränkung". Die Konsequenzen dieser Fragestellung beispielsweise für das Rechtswesen oder die Erziehung sind tief greifend und bedürfen eines intensiven gesellschaftlichen Dialogs.

In den letzten zwei Jahrhunderten haben die Naturwissenschaften das Verständnis der Welt grundlegend verändert. Zugleich ist durch ihre Erkenntnisse mit ihren technischen Umsetzungen eine Entwicklung angestoßen worden, die mit den Stichworten Bevölkerungswachstum, Industrialisierung, Mobilitätszuwachs, wirtschaftliche Globalisierung und Ressourcenausbeutung und dem damit verbunden einsetzenden Klimawandel, dem Artensterben oder der Entstehung des sozialen Gefälles zwischen industrialisierten und rückständigen Regionen dieser Welt angedeutet sei. Es darf die Frage gestellt werden, ob der christliche Fokus auf die Bibel ausreichen wird, um Antworten in den angedeuteten Fragestellungen zu finden, die in naher Zukunft über das friedliche Überleben auf dem „Raumschiff Erde" entscheiden werden.

Die Aufklärung und das moderne Europa

Der im 17. Jahrhundert einsetzende Aufschwung der Naturwissenschaften beflügelte den Erkenntnisoptimismus der europäischen Philosophie. Vernunft und Erfahrung stellten den Menschen auf eigene Füße; tradierte Glaubensformeln galt es aus der Warte der Vernunft zu hinterfragen und ihre Gültigkeit neu zu bestimmen. Dies hatte den entscheidenden Paradigmenwechsel zur Folge, der den Weg zum modernen Wertekosmos Europas einleitete: Aus „Glauben geht vor Vernunft" wurde der „Vorrang der Vernunft vor dem Glauben" in der Aufklärungsphilosophie; konsequenter noch die Maxime „Vernunft statt Glaube" für die religionskritischen Denker der Aufklärung. In der berühmt gewordenen Antwort auf die Frage „Was ist Aufklärung?" formulierte im Jahre 1784 Immanuel Kant:

> „Aufklärung ist der Ausgang des Menschen aus seiner selbst verschuldeten Unmündigkeit. Unmündigkeit ist das Unvermögen, sich seines Verstandes ohne Anleitung eines anderen zu bedienen. Selbst verschuldet ist diese Unmündigkeit, wenn die Ursache derselben nicht am Mangel des Verstandes, sondern der Entschließung und des Mutes liegt, sich seiner ohne Leitung eines anderen zu bedienen. Sapere aude! Habe Mut, dich deines eigenen Verstandes zu bedienen! ist also der Wahlspruch der Aufklärung."[154]

So geringfügig der geistige Richtungswechsel, der die Aufklärung charakterisiert, auf den ersten Blick zu sein scheint, hatte und hat er fundamentale Konsequenzen. Nicht mehr gottgeoffenbarte und damit absolut gültige, von Glaubenshütern verwaltete Wahrheiten stellen primäre und nicht hinterfragbare Richtschnur des Denkens und Handelns dar. Die individuellen Erfahrungen eines jeden Menschen in den unterschiedlichsten Lebenssituationen führen zu vielfältigen Überzeugungen und Lebenseinstellungen, die zu entfalten jedem zusteht, solange sie das Gemeinwohl nicht gefährden. Dass jeder Mensch wenigstens potenziell hierzu in der Lage ist, verleiht ihm unanfechtbare Freiheitsrechte, seine Meinung kundzutun, nach seiner Lebensmaxime zu leben und gegebenenfalls ohne Bevormundung seine Religion auszuüben.

Die politische Orientierung des Gemeinwesens kann nicht mehr nach – vermeintlich – gottgewollten Strukturen eingerichtet und von einer durch Gottes Gnade eingesetzten Obrigkeit gelenkt, sondern muss im Diskurs politisch gleichrangiger Individuen immer wieder neu ausgehandelt werden: Das ist die Wurzel des demokratischen Miteinanders, des freien gesellschaftlichen Dialoges von Menschen unterschiedlichster weltanschaulicher Ausrichtungen, aus der letztlich der kulturelle und weltanschauliche Pluralismus der Gegenwart entspringt.

154 Beantwortung der Frage: Was ist Aufklärung?, in: Berlinische Monatsschrift, 1784, 2, S. 481–494.

Umso wichtiger ist es, dass im Miteinander einer aufgeklärten Gesellschaft jeder in erster Linie als politisch mehr oder weniger aktiver Staatsbürger und wenn, dann erst in zweiter Linie gegebenenfalls als Mitglied einer Glaubens- oder Gesinnungsgemeinschaft wahrgenommen wird. Die Bezeichnung „Citoyen", die während der Französischen Revolution geprägt wurde, bringt dies zum Ausdruck: Ein Citoyen ist ein für das Gemeinwesen engagierter Bürger, der sich den Werten von Freiheit, Gleichheit (Gerechtigkeit) und Brüderlichkeit (Solidarität) verbunden fühlt. Der weltanschauliche Hintergrund und die vielmals sicher religiösen Werte des engagierten Bürgers sind für diesen persönlich sicher von höchster Wichtigkeit, für das politische Handeln des Citoyens aber nachrangig.

Von der Geburt des Begriffs „Citoyen" bis zur Verwirklichung dieses demokratischen Selbstverständnisses beispielsweise in Deutschland war es ein langer, bis heute andauernder Prozess. In seinem Aufsatz: „Die zögerliche Annäherung des Bürgers an den Citoyen"[155] schildert der Wirtschaftsrechtler Götz Frank der Universität Oldenburg die Entwicklung des „Bürgerbewusstseins" in Deutschland. Das bürgerliche Selbstverständnis begann mit einem an Besitz und Adel orientierten, durch seine Standeszugehörigkeit definierten Privilegien-Besitzer, führte über den ins Private zurückgezogenen, dem Staate als Untertan dienenden Bürger des 19. Jahrhunderts und erwachte in der zweiten Hälfte des 20. Jahrhunderts zum Staatsbürger der Bundesrepublik, der zunehmend „politische Teilhabe beansprucht und dafür die ihm von der Verfassung gewährten politischen Freiheitsrechte ausschöpft".[156]

Es ist sehr wichtig zu sehen, dass die Aufklärung Freiheit und Gleichheit den *Individuen*, nicht Kollektiven, wie Religionsgemeinschaften, zuspricht. In seinem Buch „Europa ohne Identität? –

155 Der Aufsatz ist online verfügbar: http://www.presse.uni-oldenburg.de/einblicke/39/3frank.pdf (5/2012).

156 Ebd.

Die Krise der multikulturellen Gesellschaft"[157] macht Bassam Tibi mit großem Nachdruck auf diesen Unterschied aufmerksam. Er lehrte als Professor für internationale Beziehungen an der Universität Göttingen und ist selbst arabischer Migrant muslimischen Glaubens. Nur so, betont Tibi, profitiert das Gemeinwesen von ihrer kulturellen Vielfalt und endet nicht in einer Wertebeliebigkeit eines multikulturellen Nebeneinanders verschiedenster Kulturen:

> „Denn die Aufklärung bestimmt den Menschen unabhängig von religiösem Glauben und ethnischer Zugehörigkeit als ein Individuum, als Citoyen und nicht als Teil eines Kollektivs. Diese politische Kultur der Moderne ist ein Identitätsmuster, in dem ich mich wieder finde."[158]

Und später heißt es:

> „Ein sich zu seiner Aufklärung und säkularen Toleranz bekennendes Europa kann dagegen Raum bieten für eine kulturelle Vielfalt, einen tatsächlichen Kulturpluralismus, was keineswegs in Selbstaufgabe und fehlende Identitätsbestimmung münden muss."[159]

Denn was sind, um Bassam Tibi noch einen Schritt weiter zu folgen, westlich-europäische Werte, die bei allem Kulturpluralismus ein verbindendes Wertebündel ausmachen:

> „Es ist wichtig, genau anzugeben, welches die verbindlichen Werte einer Leitkultur in westlichen Gesellschaften sind. Lapidar würde ich antworten: säkulare Demokratie, Menschenrechte, Primat der Vernunft gegenüber jeder Religion, Trennung von Religion und Politik in einer zugleich normativ wie institutionell untermauerten Zivilgesellschaft,

---

157 Bassam Tibi: Europa ohne Identität? Die Krise der multikulturellen Gesellschaft, München 1998.

158 Ebd., S. 21.

159 Ebd., S. 28.

> in der Toleranz – bei Anerkennung von bestimmten allgemeinen Spielregeln – gegenseitig gilt und ausgeübt wird."[160]

Die Orientierung an den Menschenrechten hat nach den Menschenrechtsverletzungen im Zweiten Weltkrieg ihren weltumspannenden Ausdruck in der Allgemeinen Erklärung der Menschenrechte durch die UN-Generalversammlung am 10. Dezember 1948 erhalten, die viele Staaten, so auch Deutschland, in ihre Verfassungen (Grundgesetz) übernommen haben. Sie sichern jedem Europäer Freiheitsrechte, von denen die überwiegende Mehrheit der Menschen zuvor nur träumen konnte. So erinnert der britische Philosoph A. C. Grayling in seinem Buch: „Die Freiheit, die wir meinen" daran, was wir diesem Werteumbruch zu verdanken haben:

> „Zumindest eines können die meisten Bürger freiheitlicher Demokratien in Europa, Nordamerika, Australien und Neuseeland am Beginn dieses 21. Jahrhunderts zufrieden konstatieren: dass die Geschichte ihrer abendländischen Zivilisation im Laufe der vergangenen fünf Jahrhunderte Männern wie Frauen einen gesellschaftlichen Rang bescherte, der zu Beginn dieser Periode nur für die winzige Minderheit des Adels und des hohen Klerus erreichbar gewesen war. Im Jahre 1500 waren Ausbildung, Wohlstand, das Recht auf Mitwirkung an politischen Prozessen, die Reisefreiheit und sämtliche dafür erforderlichen Mittel oder all die anderen Chancen und Möglichkeiten, die der westliche Durchschnittsbürger heute für selbstverständlich hält, ausschließlich diesen wenigen vorbehalten gewesen. Allein schon in diesem Maßstab gemessen, lässt sich die gerne liberal genannte Perspektive rechtfertigen."[161]

---

160 Ebd., S. 56.

161 A.C. Grayling: Die Freiheit, die wir meinen: Wie die Menschenrechte erkämpft wurden und warum der Westen heute seine Grundwerte gefährdet, München 2008, Zitat aus der Einleitung.

Wie alles, so hat auch die Freiheit ihren Preis. Nicht ohne Grund schreibt Kant: „Habe *Mut*, dich deines eigenen Verstandes zu bedienen." Denn es hat auch Vorzüge, unmündig eingetaucht in den Mainstream einer Weltanschauungsgemeinschaft zu leben und sich Weltvorstellungen und Normen diktieren zu lassen: Orientierung an in der Gemeinschaft gelebten Traditionen geben dem Leben Halt und Struktur, die sich der Zweifelnde immer wieder neu selbst schaffen muss. Doch bergen Glaubensgemeinschaften immer die Gefahr, dass Rechtgläubigkeit und normkonformes Verhalten mit sozialer Anerkennung der „Wir-Gruppe" belohnt und Regelverstoß mit sozialem Abstieg oder sogar Ausgrenzung bestraft werden. Dies ist sicher einer der Gründe, warum sich Traditions- und Glaubenssysteme über lange Zeit halten können, auch wenn sie von außen betrachtet oftmals kuriose Formen annehmen. Denn die Zugehörigkeit zur sozialen Gruppe, in die man hineingewachsen und auf die hin man geprägt ist, gehört zu den elementarsten menschlichen Bedürfnissen, während Ausgrenzung ein hohes Gefahrenpotenzial birgt.

Für eine aufgeklärte Gesellschaft, die vom geistigen Reichtum ihrer Citoyens profitieren möchte, ist es deshalb unabdingbar, die soziale Anerkennung abzukoppeln von Normkonformität und Mainstream-Denken. Allein das Bekenntnis zu den mit den Menschenrechten verbundenen Werten konstituiert das Miteinander. Nur so ist einerseits Offenheit für kulturelle Vielfalt zu verwirklichen, ohne in die Wertebeliebigkeit einer Summe von Parallelgesellschaften zu zerfallen, und andererseits diese Offenheit gegen Fundamentalismus jedweder Couleur zu verteidigen.

Menschenrechte, Christentum und Aufklärung

Bis ins 20. Jahrhundert hinein waren die religiösen Vorzeichen Europas christlich. Mit der Entwicklung der Naturwissenschaften einerseits und dem Richtungswechsel in der Aufklärungsphilosophie zum Primat der Vernunft andererseits wurde und wird das biblische Verständnis der Weltgeschichte mit Christus als Erlöser aller Menschen von der Sünde infrage gestellt. Die globalen Bewegungsfreiheiten, der durch das Internet beschleunigte internationale Informationsaustausch und Migrationsbewegungen über kulturelle Grenzen hinweg fördern das Wissen und die Wertschätzung einst nicht europäischer Denktraditionen. Diese kulturelle Globalisierung trägt zum zunehmenden weltanschaulichen Pluralismus der Gegenwart bei.

Aus Sicht derer, die den Zeiten eines „evangelisierten Europas" nachtrauern, in dem die Orientierung an der Bibel gesellschaftlich verbindlich war, mag dies als Werteverlust erlebt werden. Der Glaube an die biblische Botschaft, die Verquickung von Christus- und Nächstenliebe und die Hoffnung auf ein erlösendes Jenseits sind Werte, die für einen wachsenden Teil der Bevölkerung keinen oder nur einen geringen Stellenwert besitzen. Die Gründe hierfür können vielfältig sein. Viele stellen sich, was mit „Gott" gemeint sein könnte, nicht personal, transzendental oder trinitarisch vor; viele erfahren das Leben als freud- und leidvoll, aber nicht als sündhaft; viele empfinden den Fokus auf ein „heiliges Buch" als einengend angesichts der literarischen oder philosophischen Meisterwerke, die menschliche Kulturen hervorgebracht haben; viele wollen sich nicht von einer Priesterschaft vorschreiben lassen, was „das Gute oder Böse" sei; für andere wird die Wahrheitsfrage nicht dadurch entschieden, dass sich Menschen zu einer „Wahrheit" *bekennen*, sondern dadurch, dass etwas im allgemeinen Erfahrungs- und Vernunfthorizont *erkennbar* ist. So ist das christliche „Glaube, Liebe, Hoffnung" als allgemein verbindlicher Wertekanon mit der Formulierung der Menschenrechte von der Wertetrias „Freiheit, Gerechtigkeit und Solidarität" als Basis des Gemeinwohls abgelöst geworden.

Um dennoch dem Christentum gegenüber säkularen Weltanschauungen oder anderen Religionen eine Vorrangstellung in Europa einzuräumen, bleibt nur, die Entwicklung der Menschenrechte als christliches Produkt hinzustellen, wie dies beispielsweise im oben zitierten Thesenpapier der CDU geschieht und durch Kreuze in Klassenzimmern zum Ausdruck kommen soll. Dies hat eine teilweise heftige und „letztlich unfruchtbare Debatte" zur Folge, „ob die Menschenrechte eher auf religiöse oder auf säkular-humanistische Ursprünge zurückzuführen sind“,[162] die der Sozialtheoretiker Hans Joas mit seinem Buch über die „Sakralität der Person – eine neue Genealogie der Menschenrechte“ aufgreift.

Der erste Blick gibt der These des christlichen Ursprungs Recht, denn abgesehen von den antiken Vorläufern waren es christliche Länder, in denen die ersten Menschenrechtsformulierungen der Neuzeit entstanden sind: England beispielsweise mit den „Bill of Rights“ (1689), die europäischen Kolonien in Nordamerika mit der „Unabhängigkeitserklärung der Vereinigten Staaten“ (1776) und Frankreich mit der „Erklärung der Menschen- und Bürgerrechte“ (1789). Der Soziologe Hans Joas macht darauf aufmerksam, dass weder in Nordamerika noch in Frankreich davon gesprochen werden kann, dass die gesamte Bewegung, die der Menschenrechtserklärung Kraft gegeben hat, von einem konsequent religionskritischen Geist getragen war.[163] Allerdings ist dies in Ländern kaum zu erwarten, in denen der Gedanke der Religionsfreiheit gerade erst formuliert wurde und bis dahin das Prinzip „Cuius regio, eius religio“[164] galt und in denen das Gros der Bevölkerung christlich sozialisiert war. So findet sich auch unter den Denkern der Aufklärung das ganze Spektrum von denjenigen, die sich eine gewisse Nähe zum Christentum erhalten haben (wie zum Beispiel John Locke), bis zu konsequent religionskritischen und/oder atheistischen Philosophen (wie zum Beispiel David Hume oder Denis Diderot). Allen gemein ist aber der Vorrang der Vernunft vor dem Glauben.

Nachdem die katholische Kirche sich in den sechziger Jahren des 20. Jahrhunderts im Prozess des Zweiten Vatikanischen Konzils der Menschenrechtsidee geöffnet hat, wurde auch von katholischer Seite die Überzeugung vertreten, dass „den Menschenrechten der Weg gebahnt

162 Hans Joas: Die Sakralität der Person. Eine neue Genealogie der Menschenrechte, Frankfurt am Main 2011, S. 16.

163 Ebd., S. 26ff.

164 Cuius regio, eius religio: „Wessen Gebiet, dessen Religion“ – gemäß diesem im Zuge des Augsburger Religionsfriedens 1555 und des Westfälischen Friedens 1648 formulierten Prinzip hatten die Untertanen die Religion ihrer Herrscher zu übernehmen.

[wurde] durch das Verständnis der menschlichen Person, wie es aus den Evangelien zu uns spricht, und von der philosophischen Ausarbeitung dieser religiösen Inspiration in Verbindung mit einem personalistischen Gottesbegriff seit den Tagen der mittelalterlichen Philosophie."[165] Wie plausibel ist diese Behauptung? Die christliche Geschichte der Menschenrechtsidee kann Hans Joas zufolge

> „dagegen nicht überzeugend erklären, warum ein bestimmtes Element christlicher Lehre, das sich jahrhundertelang mit verschiedensten politischen Regimen vertrug, die alle nicht auf der Menschenrechtsidee fundiert waren – warum dieses Element plötzlich zur dynamischen Kraft bei der Institutionalisierung der Menschenrechte hätte werden sollen."[166]

Zu Recht stellt Joas die Frage:

> „Selbst wenn wir […] einräumen mögen, dass die Idee der Menschenrechte bis zu einem gewissen Maß als moderne Neu-Artikulation des christlichen Ethos aufgefasst werden kann, müssen wir die Frage beantworten können, warum es dann 1700 Jahre gedauert hat, bis das Evangelium in dieser Hinsicht in eine juristisch kodifizierte Form übersetzt wurde."[167]

Offensichtlich verhält sich die biblische Überlieferung ambivalent gegenüber grundlegenden Forderungen der Menschenrechtsidee. Das zeigt die historische Wirklichkeit. So schreibt Joas bezüglich elementarer Themen seit der Formulierung der Menschenrechte:

> „Es gab eine christliche Rechtfertigung der Sklaverei, eine nicht allzu problembeladene Koexistenz mit der Folter, eine Ablehnung der Menschenrechtserklärungen des 18. Jahr-

165 Joas, Die Sakralität der Person, S. 16.

166 Ebd., S. 17.

167 Ebd., S. 18.

> hunderts, sogar eine Skepsis gegenüber der Allgemeinen Erklärung der Menschenrechte von 1948. Sicher gab es auch das Gegenteil: das christliche Engagement für die Abschaffung von Folter und Sklaverei, Einfluss auf und Akzeptanz der Menschenrechtserklärungen vom 18. bis zum 20. Jahrhundert. Für den einzelnen Christen oder manchmal sogar für die einzelne christliche Glaubensgemeinschaft mag es jeweils eindeutig gewesen sein, was das Evangelium forderte – aber eben nicht für alle zusammen und schon gar nicht unabhängig von Zeit und Kultur."[168]

So wenig die Menschenrechtsidee ausschließlich aus einem antichristlichen Geist heraus formuliert wurde, so schwer fällt es, sie als Produkt christlicher Orientierung an den Evangelien und an der Bibel aufzufassen. Die geschichtliche Antwort im Besonderen der katholischen Kirche auf die Formulierung der Menschenrechte im 18. Jahrhundert spricht diesbezüglich eine überdeutliche Sprache.

Wenn es auch eine Vielzahl christlicher Religionsgemeinschaften gibt, so war es die katholische Kirche, die Europa mit der Botschaft des Evangeliums durch anderthalb Jahrtausende geprägt hat und die sich ihrem eigenen Zeugnis nach mit „Christus als Haupt der Kirche" ihrem Gott und seiner Botschaft in besonderem Maße verbunden weiß. Sollte also die Menschenrechtsidee, die Trias Freiheit, Gleichheit, Brüderlichkeit und demokratische Gesellschaftsorganisation tatsächlich christlichen Ursprungs sein, so wäre zu erwarten, dass sie spätestens zu dem Zeitpunkt, als diese Ideen politisch formuliert waren, ins Zentrum der kirchlichen Politik gerückt wären, dass sie zentrales Anliegen kirchlicher Verkündigung und Leitmotiv der inneren Gestaltung der Kirche geworden wären. Das genaue Gegenteil aber ist der Fall.

---

168 Ebd., S. 204f. Es sei erwähnt, dass Hans Joas für eine dritte Entstehungsgeschichte der Menschenrechtsidee plädiert, die einer zunehmenden Sakralisierung der Person unter anderem aufgrund der Gewalt- und Unrechtserfahrungen der Neuzeit, entstanden in einem kulturübergreifenden Dialog.

So finden sich wesentliche Vordenker der Menschenrechte und des politischen Liberalismus auf dem katholischen „Index Librorum Prohibitorum" – dessen Existenz selbst mit dem Geist der Menschenrechte wohl kaum vereinbar ist. Statt Gedanken- und Meinungsfreiheit – Bücherverdammung; eine Tradition, die von der Antike bis in die Gegenwart zu verfolgen ist. Erst nach dem Zweiten Vatikanum in den 1960er-Jahren wurde der Index nicht mehr aufgelegt, wobei es aus konservativ-katholischer Sicht auch heute noch zur Gewissenserforschung vor der Beichte gehört, sich zu fragen: „Habe ich leichtfertig Glaubenszweifel gehegt? [...] Meinen Glauben gefährdet durch glaubenslose, kirchenfeindliche, sittenwidrige Schriften? [...] Durch vertrauten Umgang mit Gegnern des Glaubens? – Teilgenommen an solchen Versammlungen? Vereinigungen? Parteien? – kirchenfeindliche Bestrebungen unterstützt? [...] Nicht die geeigneten Vertreter der christlichen Weltanschauung gewählt?"[169] Das kommt einem freiwilligen „Selbstindex" gleich.

Auf diesem katholischen Index Librorum finden sich zum Beispiel Namen wie John Locke, ein Vordenker des Liberalismus, Charles de Montesquieu, Staatstheoretiker der Aufklärung, dem wir mit John Locke die Idee der Gewaltenteilung verdanken, oder Jean-Jacques Rousseau, einer der wichtigsten Wegbereiter der Französischen Revolution mit seinem Werk „Vom Gesellschaftsvertrag", in dem er die alleinige Grundlage legitimer politischer Macht nicht im Gottesgnadentum, sondern im Gemeinwohl des Volkes („volonté générale") sieht. Die Liste lässt sich fortsetzen.

169 Entnommen aus: kath-zdw.ch/maria/reue.html. (10/2012) Man bedenke: Alles dies sind zu beichtende Sünden mit dem ehrlichen Vorsatz, sie nicht wieder zu begehen. Man darf schon fragen, ob dies einem modernen Verständnis des Miteinanders in einer offenen Gesellschaft entspricht, das von einem demokratischen Dialog lebt. Vergleichbare Formulierungen finden sich im „Allgemeinem Gewissensspiegel" des katholischen Gebets- und Gesangbuches: Gotteslob, herausgegeben von den Bischöfen Deutschlands und Österreichs, Fulda [9]2006, S. 121ff.

Dem entsprechend stand die katholische Kirche im 19. Jahrhundert nicht auf der Seite der Demokratieentwicklung, sondern der Restauration. In der kleinen Kirchengeschichte von August Franzen ist hierzu zu lesen:

> „Die republikanisch-demokratischen Bestrebungen des 19. Jahrhunderts waren an der katholischen Kirche vorübergegangen. Die Päpste standen grundsätzlich allen demokratischen Gedanken ablehnend gegenüber. Seit der Französischen Revolution waren sie von einem ‚Schock und Angstkomplex vor der Demokratie' befallen (Hans Maier). In der Zeit der Restauration knüpften sie den Bund zwischen Thron und Altar wieder enger."[170]

Mit der Dogmatisierung der Unfehlbarkeit des Papstes[171] während des Ersten Vatikanischen Konzils 1869/70 wurde das zentralistische Element der Kirchenstruktur noch verstärkt. Im Vorfeld dieses Konzils gab Papst Pius IX. 1864 eine Liste geächteter Thesen heraus, den sogenannten „Syllabus Errorum", der deutlich macht, wie wenig die katholische Kirche sich zum damaligen Zeitpunkt mit dem Gedanken der Menschenrechte und der Aufklärung anfreunden konnte.

Dass Pantheismus, Naturalismus und absoluter Rationalismus aus Sicht der katholischen Glaubenswelt Irrtümer darstellen, ist hierbei noch verständlich (These 1–7), folgende Äußerungen allerdings sind bedenklicher:

> (*Geächtete* These Nummer 15): „Jedem Menschen steht es frei, eine Religion anzunehmen und zu bekennen, die er im Lichte der Vernunft als die wahre Religion erachtet."

> (*Geächtete* These Nummer 77): „In unserer Zeit ist es nicht mehr denkbar, dass die katholische Religion als einzige

170 Franzen: Kleine Kirchengeschichte, S. 361.

171 Wenn er in seinem Amt „ex Cathedra" eine Glaubensfrage endgültig entscheidet, was allerdings relativ selten vorkommt, wie zum Beispiel 1950, als Papst Pius XII. die leibliche Aufnahme Mariens in den Himmel dogmatisierte.

> Staatsreligion anerkannt und alle anderen Arten der Gottesverehrung ausgeschlossen werden."
>
> (*Geächtete* These Nummer 80): „Der römische Papst kann und muss sich mit dem Fortschritt, dem Liberalismus und der modernen Zivilisation versöhnen und vereinigen."

Der Geist der Freiheit weht aus einer anderen Richtung. Auch die Tatsache, dass in der katholischen Kirche bis auf den heutigen Tag Frauen das Priesteramt verwehrt wird, ist ein starkes Indiz dafür, wie schwer es katholisch-christliches Denken mit den allgemeinen Menschenrechten hat. Dass hierfür theologische Gründe ins Feld geführt werden, zeugt weiter davon, wie wenig eindeutig grundlegende Menschenrechte in der biblischen Offenbarung verankert sind.

Gottesebenbildlichkeit

Die christlichen Kirchen waren keine Zugpferde des Menschenrechtsverständnisses. Dies wird zum Beispiel auch vom katholischen Theologen Johannes Gründel eingeräumt, der schreibt, „dass sich die Menschenrechte im Verlauf der abendländischen Geschichte nicht von der Kirche her, sondern gegen die Kirche als Institution und gegen die von der Kirche getragene Theologie herausgebildet haben."[172] Trotzdem ist nicht bestreitbar, dass für nicht wenige Menschen der christliche Glaube an die Gottesebenbildlichkeit des Menschen und der dadurch begründeten Würde aller Menschen die Quelle ihres Engagements für die Menschenrechte ist. Das kann und soll nicht herabgewürdigt werden. Man muss nur klar unterscheiden zwischen ethischen Idealen einerseits und ihrer jeweiligen Begründung andererseits. Sollen Menschenrechte global verbindlich werden, dann muss sie jede Kultur oder Weltanschauungsgemeinschaft aus ihrem Kontext heraus ableiten können, um sie mit gleichem Feuer zu vertreten.

---

172 Zitiert aus Armin Pfahl-Traughber: Haben die modernen Menschenrechte christliche Grundlagen und Ursprünge?, in: Humanismus aktuell, Heft 5, 1999.

Aussagen aber wie die des Politikers und Lehrstuhlinhabers für christliche Weltanschauung, Religions- und Kulturtheorie an der Universität München Hans Mayer: „Menschenrechte und Menschenwürde sind nicht denkbar ohne das Werk christlicher Erziehung durch Jahrhunderte hindurch", implizieren das Primat der christlichen Erziehung, wie es schon Papst Pius XI. 1929 in der bisher einzigen Erziehungsenzyklika „Divini illius Magistri" mit folgenden Worten zum Ausdruck gebracht hat: Es sei klar, „dass es keine wahre Erziehung geben kann, die nicht ganz auf das letzte Ziel hin gerichtet ist, und dass es darum in der gegenwärtigen Ordnung der Vorsehung, nachdem Gott sich uns in seinem eingeborenen Sohn geoffenbart hat, der allein ‚der Weg, die Wahrheit und das Leben' ist, keine angemessene und vollkommene Erziehung außer der christlichen geben kann."[173] Mit dieser Wendung würde sich das Engagement für Menschenrechte selbst ad absurdum führen.

Daher sei auf den Gedanken der Gottesebenbildlichkeit des Menschen näher eingegangen, denn er ist die am häufigsten zitierte christliche Begründungsfigur für die Menschenrechte. Und in der Tat: Durch die Gottesebenbildlichkeit in jedem Menschen einen „göttlichen Funken" zu erkennen, ist ein starker Beweggrund, jedem eine unveräußerliche Würde und damit allen Menschen die gleichen Grundrechte zuzusprechen. Wenn diese Lesart der Gottesebenbildlichkeit zur zentralen Botschaft der Bibel gehört, muss umso dringlicher gefragt werden, warum das Christentum über eineinhalb Jahrtausende eine Standesgesellschaft stabilisiert hatte, die Rechte und Freiheiten eines Menschen von der Stellung abhängig machte, in die er hineingeboren wurde. Auf diese Ambivalenz muss es eine christliche Antwort geben.

Der Gedanke der Gottesebenbildlichkeit gehört bekanntlich zum Auftakt der Bibel und findet sich in der Genesis (1, 26–31). Weniger bekannt ist, dass er direkt verknüpft ist mit der Aufforderung Gottes an den Menschen, sich die Erde untertan zu machen: „Dann sprach Gott:

173 Deutsche Übersetzung nach: kreuzgang.org/pdf/divini-illius-magistri.pdf (8/2012).

Lasst uns Menschen machen als unser Abbild, uns ähnlich. [...] Gott schuf also den Menschen als sein Abbild; [...] Gott segnete sie und sprach zu ihnen: Seid fruchtbar und vermehrt euch, bevölkert die Erde, unterwerft sie euch und herrscht [...] über alle Tiere." Im theologischen Kommentar der Einheitsübersetzung, die in den 1970er-Jahren entstanden ist, heißt es hierzu: „Durch die Erschaffung des Menschen nach Gottes Ebenbild, das letzte Schöpfungswerk, wird der Mensch als Krone und Herr der Schöpfung herausgehoben. [...] Der Mensch hat als Ebenbild Gottes Anteil an der Herrschaft Gottes über die Welt." Formulierungen, die auf ethische Konsequenzen der Gottesebenbildlichkeit im Sinne der Menschenrechte hindeuten, sucht man hier vergebens. Im Gegenteil, die Ungleichheit zwischen Mann und Frau wird wenig später göttlich fundiert: „Zur Frau sprach er [Gott]: Viel Mühsal bereite ich dir, so oft du schwanger wirst. Unter Schmerzen gebierst du Kinder. Du hast Verlangen nach deinem Mann; er aber wird über dich herrschen" (Genesis 3,16).

Doch bei diesem ursprünglichen Zustand der Gottesebenbildlichkeit bleibt es nicht. Die Dramatik der biblisch-christlichen Heilsgeschichte beginnt bekanntlich damit, dass der Mensch den paradiesischen Zustand der Gottesebenbildlichkeit durch den Biss in die Frucht vom Baum der Erkenntnis aus Ungehorsam Gott gegenüber verliert und zum sündigen und damit erlösungsbedürftigen, von der Gnade Gottes abhängigen Menschen wird, ein Zustand, der nach abendländisch-christlicher Theologie über die Generationen vererbt wird. Hierzu schreibt der deutsche Religionswissenschaftler Friedrich Heiler:

> „Nicht minder düster ist die Lehre von der ‚Erbsünde' [...]. Nach Augustinus pflanzt sich die Sünde Adams durch den in der Begierde erfolgenden Akt der Zeugung fort. Da sie eine eigentliche strafwürdige Sünde ist, verfallen selbst die ungetauften Kinder der ewigen Verdammnis, wenn auch ihre Strafen gelinder sind als die der Tatsünder."[174]

174 Friedrich Heiler, Die Religionen der Menschheit, Stuttgart [6]1999, S. 431.

Damit stellt sich zur christlichen Anthropologie neben den Gedanken der Gottesebenbildlichkeit der Charakter des Menschen als Sünder vor Gott.

> „Der Mensch ist nach Luther durch die Erbsünde ‚ganz und gar vermaledeit', unfrei in seinem Willen, Gottes Gesetz zu erfüllen. Die göttliche Gnade allein – sola gratia – bringt dem Sünder die Gewissheit der Erlösung, und der Glaube allein – sola fides – d. h. das unerschütterliche Vertrauen und Bauen auf diese Gnade, gibt ihm die Gewissheit des Heils."[175]

So verschmilzt im christlichen Menschenbild untrennbar der Gedanke des Menschen als Ebenbild Gottes mit dem entwürdigenden Bild des Sünders, der nur im Glauben an Jesus Christus zum vollen Menschsein finden kann. Wie man aus dieser Ambivalenz Freiheit und Gleichheit aller Menschen gleich welchen Glaubens oder Unglaubens ableiten kann, ist eine sicher nicht ganz leichte Aufgabe christlicher Theologie.

Für viele Verfechter einer christlichen Entstehungsgeschichte der Menschenrechte hat dies Martin Luther durch seine Lehre vom „Priestertum aller Gläubigen" vollbracht, was programmatisch schon im Titel einer wichtigen Schrift Luthers zum Ausdruck kommt: „Freiheit eines Christenmenschen". Wer so denkt, verkennt aber eine wesentliche Grundstruktur des christlichen Weltverständnisses, auf die der Politikwissenschaftler Armin Pfahl-Traughber[176] aufmerksam macht. Denn es müssen zwei Beziehungssphären unterschieden werden, in denen sich das Schicksal eines Christen abspielt: die religiöse Sphäre seiner Beziehung zu Gott und die durch Gottes Allmacht geordnete zwischenmenschliche Beziehungsebene im irdischen Leben. Vor Gott sind alle Menschen gleich, im Glauben verwirklicht sich die christliche Freiheit, die über den irdischen Freiheiten steht. So endet Luther seine Schrift über die Freiheit des Christenmenschen mit den Worten:

---

175 Ebd., S. 450.

176 Pfahl-Traughber: Haben die modernen Menschenrechte christliche Grundlagen und Ursprünge?

> „Siehe, das ist die rechte, geistliche, christliche Freiheit, die das Herz freimacht von allen Sünden, Gesetzen und Geboten, welche alle anderen Freiheiten übertrifft, wie der Himmel die Erde.“[177]

Daraus folgt aber gerade nicht, dass die zwischenmenschliche Ebene den allgemeinen Menschenrechten gemäß einzurichten sei. Hierzu Armin Pfahl-Traughber:

> „Abgeleitet wurde die grundsätzliche Einstellung des Gehorsams der Obrigkeit gegenüber aus einem christlichen Menschenbild, das die Individuen prinzipiell als Sünder verstand und daraus deren notwendige Unterwerfung auch unter ungerechte irdische Herrschaft ableitet. Die gleichzeitig diese Religionsform prägende Auffassung von der Allmacht Gottes legitimierte denn auch jegliche weltliche Herrschaft, schien sie doch allein durch ihr Vorhandensein Ausdruck eines göttlichen Willens zu sein. Dieser [...] Grundeinstellung der Duldung von – modern gesprochen – Menschenrechtsverletzungen in der realen Welt stand die Betonung der Freiheit und Gleichheit der religiösen Welt gegenüber. Auf sie wurden die Sklaven im obigen Zitat[178] tröstend verwiesen, seien dort doch die Schranken zwischen Herren und Sklaven aufgehoben und beide sowohl Herr als auch Sklaven vor Gott. Diese Trennung unterschiedlicher

---

177 Martin Luther: „Freiheit eines Christenmenschen“. Zitiert aus gutenberg.spiegel.de/buch/270/6 (8/2012). Damit ist auch verständlich, warum sich Luther im Konflikt um die Bauernkriege auf die Seite der Obrigkeit schlug.

178 „Jeder soll in dem Stand bleiben, in dem ihn der Ruf Gottes getroffen hat. Wenn Du als Sklave berufen wurdest, soll dich das nicht bedrücken; auch wenn du frei werden kannst, lebe lieber als Sklave weiter. Denn wer im Herrn als Sklave berufen wurde, ist ein Freigelassener des Herrn. Ebenso ist einer, der als Freier berufen wurde, Sklave Christi.“ 1. Korinther, 7, 20–22.

> Sphären mit den genannten Konsequenzen prägte auch die Einstellung der wichtigsten Theologen.“[179]

Erst dadurch, dass die Aufklärungsphilosophie die zwischenmenschliche Beziehungsebene primär in den Blick nahm und durch den Gedanken der Religionsfreiheit die Beziehung zum Göttlichen in die Freiheit eines jeden Einzelnen legte und von kollektiver Bevormundung löste, war die Grundlage geschaffen, Freiheit, Gleichheit und Solidarität als säkulare Grundwerte zu erkennen, ohne die im Sinne des kategorischen Imperativs ein friedliches Miteinander aller Menschen, gleich welcher geistigen oder geistlichen Ausrichtung, nicht denkbar ist.

Eine Konsequenz davon ist, das Religiöse zur „Privatsache“ zu erklären, politisch also die Trennung von Staat und Kirche zu vollziehen. Das bedeutet, religiöse Anschauungen wirken auf das Staatswesen nur über die Individuen, die Citoyens, ein, nicht mehr durch religiöse Institutionen. Man kann auch sagen: Religion wird dadurch zu einer intimen Angelegenheit des Einzelnen mit sich selbst bzw. mit seinem Gott, je nachdem, in welchem spirituellen Kontext der Mensch seine „Rückbindung“ erfährt. Letzteres ist aber für diejenigen schwer hinnehmbar, die in ihrer Religion die „einzig wahre“ sehen und die überzeugt sind, ihren Glauben mit „göttlichem Missionsauftrag“ allen Menschen bringen zu müssen, da ohne ihn kein Mensch das „Heil“ erlangen könne. Trotzdem ist für ein gleichberechtigtes Miteinander in einer weltanschaulich pluralistischen Gesellschaft eine konsequente Trennung zwischen Staat und institutionalisierter Religion unabdingbar. Im öffentlichen Diskurs sollten sich die Menschen in erster Linie als engagierte Citoyens verstehen und die Zugehörigkeit zu einem religiösen oder weltanschaulichen Kollektiv in den Hintergrund stellen. So und nur so kann das Gemeinwohl von der Vielfalt menschlicher Sichtweisen profitieren, ohne sich weltanschauliche Grabenkämpfe zu liefern.

179 Pfahl-Traughber: Haben die modernen Menschenrechte christliche Grundlagen und Ursprünge?

Europas Werte

> „Blickt man auf die uferlose Literatur zur Vorgeschichte und Geschichte der Menschenrechte, dann lässt sich der bestimmende Eindruck am besten auf die Formel bringen: Der Erfolg hat viele Väter. [...] Der Siegeszug der Menschenrechte straft alle Lügen, die die Gegenwart oder Modernisierungsprozesse überhaupt nur im Zeichen des Wertverfalls und des Verlustes gemeinsamer Werte deuten wollen.“[180]

Um dieser Analyse des Soziologen Hans Joas beizupflichten, ist es notwendig, die europäische Kultur nicht mehr primär religiös zu definieren. Das bedeutet vor allem, die christliche, aber zunehmend auch andere Religionen als *Bestandteil* der Wertegemeinschaft Europas zu sehen, aber nicht mehr als alleiniges Wesensmerkmal. Es war rund eineinhalb Jahrtausende berechtigt, vom christlichen Abendland zu sprechen, da alle Bereiche der Kultur, Kunst, Philosophie und vor allem der Politik vom christlichen Glauben geprägt wurden. Die Wende zum modernen Europa wurde eingeleitet durch die Wiedergeburt der Antike, dessen kulturelle Zeugnisse zu Beginn des christlich-abendländischen Europas im vierten und fünften Jahrhundert zurückgedrängt wurden. Eine Folge dieser Renaissance war das Erstarken der Wissenschaften, im Besonderen der Naturwissenschaften, und der so entscheidende Richtungswechsel in der Aufklärungsphilosophie zum Primat der Vernunft über den Glauben. Dies bedeutete nicht zwangsläufig eine Abkehr vom Christentum, verwies die Religion aber in die Grenzen der Vernunft und relativiert damit Glaubensinhalte. Schon Titel wie beispielsweise Kants Aufsatz „Die Religion innerhalb der Grenzen der bloßen Vernunft“ bringen dieses Programm zum Ausdruck. Seit dem Richtungswechsel der Aufklärung ist Europa offen für außereuropäische Einflüsse, wie sie in den letzten Jahrzehnten im Zeitalter der kulturellen Globalisierung zugenommen haben.

180 Joas: Die Sakralität der Person, S. 23.

Das Primat der Vernunft über den Glauben machte es möglich, dass die zwischenmenschlichen Beziehungen unabhängig von religiösen Vorstellungen ins Blickfeld gerieten. Damit wurde jeder Mensch als mit gleichen Freiheitsrechten ausgestatteter Bürger gesehen, der zu solidarischem Miteinander anzuhalten ist. Nicht mehr gottgegebene Strukturen, sondern der ständige Dialog der Citoyens bestimmt vor diesem Hintergrund den politischen Lauf. Das politische Gemeinwesen gestaltet sich im demokratischen Prozess engagierter, gleicher und freier Bürger immer wieder neu.

Unter diesen Vorzeichen wurde und wird die Glaubenslandschaft Europas zwangsläufig vielfältiger. Unterschiedliche Lebenserfahrungen, Inspirationen aus den verschiedensten kulturellen Quellen der Literatur, Kunst, Philosophie, Wissenschaft oder Religion formen jeden anders. Die Zeiten der Dominanz eines Buches, des Buches der Bücher, das mehr oder weniger für alle „Abendländer" Hauptrichtschnur des Denkens war, sind vorbei. Heute kommt es darauf an, diesen kulturellen Pluralismus Europas als Chance zu begreifen, in zwangsläufig schwieriger werdenden Zeiten über eine Fülle von Inspirationsquellen zu verfügen und im gesellschaftlichen Austausch neue Antworten auf immer neue Herausforderungen zu finden.

Unabdingbar ist hierfür, dass dieser Dialog unter dem Vorzeichen der Wertetrias Freiheit, Gerechtigkeit und Solidarität geführt wird. Sonst besteht die Gefahr, dass Europa in ein Nebeneinander subkultureller Inseln zerfällt, deren Bewohner jeder gegen jeden um Rechte und Privilegien feilschen. Der notwendige Kulturdialog auf Augenhöhe will gelernt sein, genauso wie ein Gemeinschaftsgefühl unabhängig von der religiösen oder weltanschaulichen Einbindung jedes Einzelnen entwickelt werden muss. Daraus ergeben sich wesentliche Aufgaben für die Schule der Gegenwart und Zukunft, auf die im nächsten Kapitel eingegangen wird.

Religion und Schule

Erziehungsanliegen

Jede politische oder religiöse Weltanschauung, die sich im Denken und Handeln einer Gemeinschaft etablieren möchte, sucht den Zugriff auf die Bildung junger Menschen; denn die Auswahl dessen, was die Jugend lernt oder nicht lernt, bestimmt ihr späteres Denken und Handeln wesentlich, im Positiven wie im Negativen. Kein Mensch wird beispielsweise als Katholik, Protestant oder Freidenker bzw. als CDU- oder Grüne-Wähler geboren; es gibt keine biologischen Gene (im Sinne von DNA-Abschnitten) für einen spezifischen Glauben oder eine besondere Einstellung.[181] Vielmehr gehört es zur menschlichen Biologie, vor allem in jungen Jahren durch das Umfeld geprägt zu werden, in dem der Mensch aufwächst, vom Dialekt über Bekleidungsmoden bis zu Denk- und Handlungsgewohnheiten.[182]

Das ist so natürlich wie berechtigt. Problematisch wird es erst, wenn *eine* Weltanschauung eine ganze Kultur gleichschalten möchte und zu diesem Zweck ein Bildungsmonopol anstrebt oder gar verwirklicht. Denn im Bereich der Bildung und Erziehung müssen verschiedene Interessen berücksichtigt werden. Da sind die Eltern, die das, was sie für wertvoll erachten, ihren Kindern mitgeben möchten. Hierbei sind es in der Regel zwei Eltern, die selbst aus mehr oder weniger unterschiedlichen Familien- oder gar Kulturtraditionen stammen können. Wenn sie gleichberechtigt die Erziehung gestalten, werden sie dabei

181 Damit sei nicht gesagt, dass es nicht genetisch bedingte Begabungen gibt.

182 Auf diese Weise kommt es zu einer „Vererbung kultureller Merkmale“, die aber nicht in den biologischen Genen festgeschrieben wird, sondern in neuronalen Engrammen und den ihnen entsprechenden kulturellen Traditionen. Die moderne Evolutionsbiologie spricht in diesem Zusammenhang in Analogie zum Gen von Mem bzw. von Memplexen, die von Mensch zu Mensch weitergegeben werden.

einen größeren Erziehungsrahmen aufspannen, als dies einem Einzelnen möglich ist.[183]

Im Zentrum der Erziehung steht das heranwachsende Kind, das sowohl ein Recht auf Tradition, Heimat und Geborgenheit hat als auch ein Recht darauf, einmal selbstbestimmt einen eigenen Lebensstil und eine persönliche Weltinterpretation entwickeln zu können. Erziehung sollte also auch dieses Freiheitsmoment berücksichtigen und allzu einseitige Prägungen ausgleichen.

Interesse an Erziehung und Bildung der nachfolgenden Generation muss auch der Staat haben, das heißt die Gesellschaft, die eine Generationsspanne später vom heute Jugendlichen in positiver Weise mitgetragen werden soll. Die im Falle Deutschlands im Grundgesetz festgeschriebenen Werte begründen das Gemeinwohl, und es besteht die Pflicht, diese Werte zur Basis des Bildungsanliegens zu machen. Nur das garantiert den inneren Frieden einer Gesellschaft. Zudem fordert jede Kultur einen Grundbestand an Fähigkeiten und Wissen, damit der Jugendliche am Leben der Gemeinschaft zukünftig teilhaben kann.

Neben den staatlichen Interessen stehen die der Religionsgemeinschaften, die davon leben, ihre Traditionen und ihren Glauben in der nachfolgenden Generation zu bewahren. Glaubenssysteme sterben, wenn sie der Jugend nicht mehr weitergegeben werden. Dass zwei mal zwei vier sind oder dass Schmetterlinge fliegen können, muss der Jugend nicht eingeprägt werden, um zum Wissensbestand der nächstfolgenden Generation zu gehören.[184] Wie es aber um einen transzendenten Gott bestellt ist, ob es diesen überhaupt gibt und wie er gegebenenfalls verehrt

183 Damit soll die Leistung Alleinerziehender nicht abgewertet werden. Im Gegenteil sei das Bemühen gewürdigt, das viele Elternteile in dieser Lage aufbringen, um den fehlenden Gegenpart in der Erziehung zu ersetzen.

184 Alltagserfahrungen ergeben sich für jeden Menschen unmittelbar. Komplexere Erkenntnisse, wie z. B. die Gesetzmäßigkeiten, die Newton in seiner klassischen Physik formuliert hat, können sehr wohl vergessen werden, gibt man sie nicht lehrend weiter. Es hatte Jahrhunderte gebraucht, um die aristotelische Physik zu überwinden; die Folge waren wissenschaftliche Fortschritte nicht nur, aber auch zum Wohle der Menschen, die unsere technische Kultur heute ausmachen. Ein „Vergessen" dieser Erkenntnisse würde die Kulturentwicklung

werden möchte, das sind Vorstellungen, die immer dann ausgestorben sind, wenn sie nicht mehr an die Nachfolgegeneration überliefert werden konnten.[185]

So ranken sich um Bildung und Erziehung vier Interessen, die in ein ausgewogenes Verhältnis gebracht werden müssen: die Interessen der Eltern, die um das Wohl ihrer Kinder besorgt sind, die des Staates, dem es um sein friedliches Fortbestehen gehen muss, die der Religionsgemeinschaften, die um ihren unverfälschten Erhalt besorgt sind, und – nicht zuletzt – die der Heranwachsenden selbst, die einmal ein erfülltes, aber auch selbstbestimmtes Leben führen sollen.

In der Laizismusdebatte geht es unter anderem auch um die Frage, welchen Einfluss Religionsgemeinschaften in der öffentlichen Schulbildung haben sollten, oder genauer, ob ihnen überhaupt Einflussnahme zugestanden werden sollte. Ist die Bühne der erzieherischen Tätigkeit der Religionsgemeinschaften die Jugendarbeit in den Religionsgemeinschaften, wie beispielsweise der Bekenntnisunterricht im Zusammenhang mit einer Konfirmation, nicht aber das öffentliche und damit rein staatliche Schulwesen? Laizistische Staatsmodelle, wie sie in Frankreich und den Vereinigten Staaten verwirklicht sind, halten die öffentliche Schule frei von einem religiösen Bekenntnisunterricht: So wird Religionsunterricht

---

weit zurückwerfen. Ohne Zweifel aber wären die Grundgesetze der Physik wieder auffindbar, wenn erneut danach geforscht würde.

185 Ein anschauliches Beispiel hierfür liefert die jüngste deutsche Geschichte. In der ehemaligen DDR brach innerhalb weniger Jahrzehnte der christliche Traditionsstrom in unvergleichlicher Weise ab. Der Theologe Konrad Feiereis, der längere Zeit in der DDR gearbeitet und gelehrt hatte, stellt fest: „Dass eine Region von der Größe der früheren DDR innerhalb von vier Jahrzehnten dem Christentum geistig und kulturell derartig entfremdet werden konnte, dürfte in der Geschichte Europas ein unvergleichbarer Vorgang sein" (Zitat aus: Großbölting, Der verlorene Himmel, S. 229). Der Professor für neueste Geschichte Dr. Thomas Großbölting folgert aus diesen Tatsachen: „Ähnlich wie sich in stark religiös geprägten Gesellschaften die Kirchenmitgliedschaft von den Eltern auf die Kinder überträgt, so verhält es sich auch umgekehrt im Fall des Desinteresses oder der erklärten Abwendung" (Großbölting, Der verlorene Himmel, S. 231).

nicht erteilt. Damit existieren im laizistischen Staat drei unterschiedliche Erziehungsräume: die Familie, die staatliche Schule und gegebenenfalls die Religionsgemeinschaft.

Schulische Erziehung zwischen kirchlicher Obhut und humanistischem Bildungsideal

Es wurde schon dargestellt, dass sich die griechisch-römische Antike durch einen relativ hohen Bildungsgrad auszeichnete. Im Laufe der Jahrhunderte entwickelte sich aus vielfältigen Formen privater Unterrichtung ein öffentliches Schulsystem. Inhaltlich wurde der Unterricht durch die verschiedenen philosophischen Schulen beeinflusst.

Mit der Christianisierung des antiken Kulturraumes im vierten bis sechsten Jahrhundert übernahm die katholische Kirche das Bildungswesen, Nichtchristen wurden aus dem Lehramt ausgeschlossen.[186] In den nun folgenden frühmittelalterlichen Jahrhunderten kam es zu einem weitgehenden Verschwinden eines öffentlichen Schulwesens. Bildung wurde eine Angelegenheit des sich herausbildenden Klerus und spielte sich bis ins Hochmittelalter fast ausschließlich in kirchlichen Einrichtungen ab; es entstanden Kloster- und Domschulen. Unterrichtssprache war das Kirchenlatein, Unterrichtsinhalte bewegten sich fast ausschließlich im geistlichen Kontext. Erst wer zur gebildeten Oberschicht des Klerus gehören wollte, lernte die Septem Artes liberales. Bildung und religiöse Unterweisung waren eins, eine nicht religiöse Einflussnahme auf das Bildungssystem existierte nicht.

Die Anfänge eines weltlichen Schulwesens lassen sich bis ins späte Mittelalter zurückverfolgen. Im Zuge der Stadtgründungen entwickelte sich eine Schicht wohlhabender Kaufleute. Das Kaufmannswesen verlangte Fertigkeiten, die mit der religiösen Unterweisung nicht vermittelt wurden. So entstanden vor allem in den Städten Schreibschulen, in denen in der Landessprache unterrichtet wurde (hierzulande „deutsche Schulen"). Auch diese weltlichen Schulen blieben unter kirchlicher Aufsicht und

186 Siehe Konrad, Geschichte der Schule, S. 12–22.

theologischem Einfluss: Noch weit in die Neuzeit hinein hatten ihre Lehrer ein Theologiestudium absolviert.

Die Reformation brachte dem Schulwesen neue Impulse, denn „die Gnade Gottes erschloss sich nach reformatorischer Überzeugung nur demjenigen, der zur eigenständigen Erkenntnis des Wortes Gottes fähig war, [...] galt doch das zentrale Prinzip für den Protestantismus: sola scriptura – nur die Schrift zählt."[187] Luther war sich „der Bedeutung nicht nur der höheren, sondern gerade der niederen Schule bewusst, wenn es darum ging, die reformatorische Lehre im Volk sicher zu verankern."[188] In diesem Kontext entstand der schulische Religionsunterricht an den „deutschen Schulen", der der sonntäglichen Katechese des Pfarrers zuarbeitete. Damit sicherte sich die Kirche neben der geistlichen Schulaufsicht auch Einfluss auf die weltlichen, städtischen Schulen. Im ländlichen Raum blieben beide Kirchen Träger eines elementaren Schulwesens; oftmals wurde die Lehrtätigkeit vom Küster ausgeübt.

Mit der Aufklärung im 18./19. Jahrhundert entstanden neue Leitbilder der Pädagogik: Das Ideal war nun der zum mündigen Handeln berufene Mensch, der sich nicht länger kirchlichen Dogmen unterwirft, sondern seine eigenen Verstandeskräfte entfaltet.[189]

Dies hatte zur Folge, dass „Realienfächer"[190], wie die Naturlehre, und praxisorientierte Vermittlung von Fähigkeiten eine stärkere Betonung erfuhren. Es galt nicht mehr, konfessionelle Bekenntnisse an die Jugend weiterzugeben, sondern Erkenntnisse zu behandeln und lebenstaugliche Handlungskompetenzen heranzubilden. Heute liegt in dieser Betonung unzweifelhaft der Schwerpunkt schulischer Bildung mit einem hoch differenzierten Fächerkanon. Allerdings haben wir dem Humanismus und der Aufklärung auch ein tiefer gehendes Bildungsideal zu ver-

187 Ebd., S. 43.

188 Ebd., S. 52.

189 Ebd., S. 61ff.

190 „Reale Bildung" von „res" = Sache, Gegenstand. Wie in „Realschule" oder „Realgymnasium".

danken, das an Aktualität nicht verloren hat. Es ist mit dem Namen Wilhelm von Humboldt verbunden.

Wilhelm von Humboldt, 1767 in Potsdam geboren, hatte mit seinem Bruder Alexander eine privilegierte Privatbildung erfahren, sprach schon als Jugendlicher fließend Altgriechisch und Latein und war mit der antiken Literatur vertraut. Er verkehrte in allen gebildeten Kreisen seiner Zeit, war als preußischer Diplomat tätig und gilt als Begründer der vergleichenden Sprachforschung. Nur zwei Jahre, 1809 und 1810, war er als Direktor der Sektion für Kultus und Unterricht im preußischen Ministerium des Inneren tätig. Er gründete die nach ihm benannte Universität in Berlin und führte umfangreiche und nachhaltig wirksame Schulreformen durch.

In dieser Zeit formulierte er das humboldtsche oder humanistische Bildungsideal. Zwei Begriffe der Aufklärung spielten hierbei eine zentrale Rolle. Der eine ist die „Bildung zum autonomen Individuum". Die stellvertretende Vorsitzende des Schiller-Instituts Frau Rosa Tennenbaum formuliert dieses Bildungsziel mit Humboldt in folgenden Worten:

> „Die Erziehung soll nur, ohne Rücksicht auf bestimmte, den Menschen zu erteilende bürgerliche Formen, Menschen bilden. [...] Menschen bilden, lautet der Grundsatz. [...] Menschen, nicht Sklaven eines bestimmten Berufes oder Marionetten einer bestimmten Konfession, sondern volle, ganze, freie Menschen, bei denen alle Anlagen des Leibes und der Seele von innen heraus entwickelt, zu tätigen Kräften des Erkennens und Handelns gebildet werden."[191]

Die zweite Facette des humanistischen Bildungsideals beschreibt der Begriff „Weltbürgertum" als gemeinsames Band, das alle Individuen unabhängig von ihrer jeweiligen kulturellen Sozialisation verbindet. Ein bekanntes Zitat Humboldts hierzu lautet:

191 Der Artikel stammt von 1998, Quelle: http://www.schiller-institut.de/seiten/erziehung/humboldt.htm, (10/2012).

> „So viel Welt wie möglich in die eigene Person zu verwandeln, ist im höheren Sinn des Wortes Leben.“

Für Humboldt bestand die Methode, sein Ideal der allgemeinen Menschenbildung zu verwirklichen, darin, vor allem das Altgriechische und damit den „Geist des antiken Griechentums“ zu vermitteln. Hierzu schreibt Frau Tennenbaum:

> „Wie Schiller, Goethe, Herder, Winckelmann sah Humboldt im Griechentum die Idee der Humanität verkörpert. ‚Die Griechen sind uns nicht bloß ein nützlich historisch zu kennendes Volk, sondern ein Ideal‘, stellte er fest. Hier fand man noch den ‚ganzen‘ Menschen, der als schöne Seele die Einheit von Körper und Geist, von Pflicht und Neigung, von Welt und Individualität verkörperte.“

Darin wurzelt die Tradition des humanistischen Gymnasiums, das die alten Sprachen und damit das Studium antiker Schriften in ihrem Lehrplan betont. Heute mag man darüber streiten, ob diese Methode der einzige Weg ist, die humboldtschen Bildungsideale zu verwirklichen. Aber gerade in der jüngsten Bildungsdebatte wird das humanistische Bildungsideal wieder eingefordert.

So beispielsweise vom deutschen Philosophen und Staatsminister für Kultur und Medien 2001–2002, Julian Nida-Rümelin. In einem „Kulturzeit“-Interview vom 24. 02. 2011 beantwortete er die Frage, worin aus seiner Sicht der deutsche Bildungsnotstand bestünde, mit folgenden Worten:

> „Das humanistische Ideal eines Menschen, der eigene Urteile fällen kann, der auf Menschen zugehen kann auch unabhängig davon, aus welchem Kulturkreis sie kommen, der eigenständig ist im Leben, ist in meinen Augen so aktuell wie noch nie.“

Gefragt, ob es bei der Bildung zuerst um das Wohl des Individuums ginge oder um das Wohl der Gesellschaft, antwortete er:

> „Das ist nicht die Alternative. Ein Individuum, das nicht in der Lage ist, autonom sein Leben als Person zu gestalten, nach eigenen Vorstellungen – das ist ja so ein Teil des humanistischen, auch des humboldtschen, des kantischen Bildungsideals, was übrigens eigentlich in unserem Grundgesetz verankert ist, Artikel 1, ‚Die Würde des Menschen ist unantastbar' –, autonom sein, sein eigenes Leben leben, Autorin des eigenen Lebens zu sein, das ist der Kern dieses Bildungsideals. Das ist völlig damit im Einklang, dass wir Rücksicht nehmen auf andere. Im Gegenteil, als vernünftige Menschen machen wir uns nur solche Regeln, solche Maximen, solche Ziele zu eigen, die vereinbar sind damit, dass andere ihre Ziele, autonom auch wieder, zur Maßgabe ihres Lebens machen. Also diesen Gegensatz sehe ich nicht."[192]

Den Bildungsanliegen von Humanismus und Aufklärung entgegen stand die Angst der Herrschenden, „zu viel Bildung könne die Menschen unzufrieden und aufmüpfig werden lassen."[193] So erließ das preußische Kultusministerium 1854 eine Regulative, in der es die Lernziele der Volksschule in folgender Reihenfolge (!) festlegte: „Kirchliche Gläubigkeit, Liebe zum Herrscherhaus und einige wenige praktische Kenntnisse."[194] Zwischen den Gegensätzen „Erziehung zum treuen Untertan" einerseits und „Bildung zur eigenständigen Persönlichkeit" andererseits entwickelte sich das Schulwesen im 19. Jahrhundert.

Mit der Gründung des Deutschen Reiches 1871 wurde das Verhältnis zwischen Staat und Kirche im Zuge des sogenannten Kulturkampfes neu bestimmt. In diesem Zusammenhang löste Otto von Bismarck die katholische Abteilung im preußischen Kultusministerium

---

192 Das Interview in 3sat „Kulturzeit" vom 24. 02. 2011 kann in Youtube aufgerufen werden: „Der Wert des humanistischen Bildungsideals", http://www.youtube.com/watch?v=wYyNADnelpY (12/2012).

193 Siehe Konrad: Geschichte der Schule, S. 68.

194 Ebd., S. 67.

auf und ersetzte ein Jahr später die geistliche Schulaufsicht durch eine staatliche. Der Religionsunterricht wurde in seiner Gewichtung gemindert, im Gegenzug dazu kamen beispielsweise mit der Naturlehre und dem Geografieunterricht neue „Realienfächer" in die Schule.

Damit zeichnete sich ein Interessenkonflikt ab, der bis heute in der schulpolitischen Diskussion präsent ist: Mit der Bildung demokratischer Staaten und der Aufhebung des Prinzips „Cuius regio, eius religio" und damit der Verwirklichung der Religionsfreiheit mit der Aufhebung des Staatskirchenprinzips sind die allgemeinen Staatsinteressen und die Interessen der Religionsgemeinschaften, im Besonderen die der Kirchen, nicht mehr deckungsgleich. Die religiösen Wertvorgaben schulischer Erziehung, wie der bekennende Glaube an die Grundaussagen der jeweiligen heiligen Schriften, werden abgelöst von der Erziehungsorientierung an den für alle gültigen Werten der Verfassung. Auf die Religionsgemeinschaften bezogen gilt jetzt der Grundsatz der Religionsfreiheit und des toleranten Umgangs mit Anders- und Nichtgläubigen. Diese Werte zu vermitteln, ist staatliches Interesse, nicht jedoch die Vermittlung von konfessionellen Bekenntnissen. Die Gemeinschaft, also der Staat, hat lediglich dafür Sorge zu tragen, dass religiöse Glaubensweitergabe in friedlicher Weise möglich ist, solange sich die Gläubigen den allgemein verbindlichen Werten der Freiheit und Toleranz Anders- und Nichtgläubigen gegenüber unterordnen. Die Frage ist nun, ob oder wie weit öffentliche Schulen der Ort sein sollten, wo Bekenntnisinteressen zum Zuge kommen sollten. Damit steht die kirchliche Einflussnahme auf das allgemeine Schulwesen grundsätzlich zur Debatte.

Ihren Zugriff erhielten sich die Kirchen trotz staatlicher Schulaufsicht zunächst dadurch, dass die Volksschule[195] als Bekenntnisschule geführt wurde. Das heißt, es gab katholische, evangelische oder jüdische

---

195 Der Begriff „Volksschule" kam um 1800 auf und umfasste eine elementare Schulbildung zunächst für die einfache Bevölkerung, später auch die Grund- und Elementarschule, die von allen als Vorbereitung auf die höhere Schule durchlaufen werden musste. Sie entspricht in etwa den heutigen Grund- und Hauptschulen.

Volksschulen. Doch auch dieses Privileg wurde und wird den Kirchen zunehmend streitig gemacht: So wurde im Großherzogtum Baden schon 1876 die sogenannte Simultanschule eingeführt, in der sämtliche schulpflichtige Kinder gemeinschaftlichen Unterricht erhielten mit Ausnahme des Religionsunterrichts, in dem die Kinder nach religiösen Bekenntnissen separiert wurden. In der Weimarer Republik wurde die Einführung der Simultanschule landesweit auf die Agenda gesetzt, was allerdings bis 1933 nur bei 15 % der Volksschulen realisiert wurde. Diese Situation hatte nach der Neugründung der Bundesrepublik Deutschland Bestand, sodass in vielen Bundesländern das elementare Schulwesen durch Bekenntnisschulen abgedeckt wurde. Dies änderte sich Ende der Sechzigerjahre in den meisten Bundesländern; nur in Nordrhein-Westfalen und Niedersachsen werden auch heute noch ein großer Teil der Grund- und Hauptschulen kirchlich geführt.

Gegen den schwindenden Einfluss der Kirche auf die schulische Erziehung wehrten sich die Kirchen energisch. So entstand am Jahresende 1929 die bisher einzige katholische Erziehungsenzyklika „Divini illius Magistri“[196] durch Papst Pius XI. In klaren Worten wird in diesem Dokument das Hoheitsrecht, das der katholischen Kirche aus ihrer Sicht über die schulische Erziehung zusteht, zum Ausdruck gebracht:

> „Was den Bereich der erzieherischen Sendung der Kirche betrifft, so erstreckt sie sich auf alle Völker ohne Einschränkung, gemäß dem Auftrage Christi: ‚Lehre alle Völker‘, und es gibt keine Macht auf Erden, die ihr das von Rechts wegen streitig machen oder sie daran hindern könnte. […]
>
> [Es ist] ein unveräußerliches Recht und zugleich eine unerlässliche Pflicht der Kirche, über die Gesamterziehung ihrer Kinder, der Gläubigen, zu wachen in jedwedem Institut, ob öffentlich oder privat, nicht allein hinsichtlich des dort erteilten Religionsunterrichtes, sondern auch in allen anderen

196 Zitate aus der deutschen autorisierten Übersetzung: http://kreuzgang.org/pdf/divini-illius-magistri.pdf (7/2012).

> Fächern und allen Anordnungen, die zu Religion und Moral in Beziehung stehen. [...] Denn die bloße Tatsache, dass an einer Schule [...] Religionsunterricht erteilt wird, bringt sie noch nicht in Übereinstimmung mit den Rechten der Kirche und der christlichen Familie und gibt ihr noch nicht die nötige Eignung für den Besuch durch katholische Kinder. Dafür ist notwendig, dass der ganze Unterricht und Aufbau der Schule: Lehrer, Schulordnung und Schulbücher, in allen Fächern, unter Leitung und mütterlicher Aufsicht der Kirche von christlichem Geist beherrscht sind, sodass die Religion in Wahrheit die Grundlage und Krönung des ganzen Erziehungswerkes in allen seinen Abstufungen darstellt, nicht bloß in den Elementar-, sondern auch in den Mittel- und Hochschulen. [...] Denn der gute Katholik ist gerade kraft der katholischen Glaubenslehre auch der beste Staatsbürger, der sein Vaterland liebt und sich der in irgendeine gesetzliche Staatsform gekleideten Staatsgewalt aufrichtig unterordnet. [...] Eigentliches und unmittelbares Ziel der christlichen Erziehung ist die Mitwirkung mit der Gnade Gottes bei der Bildung des wahren und vollkommenen Christen [...] der wahre Christ muss ja das übernatürliche Leben in Christus leben."

Seit der staatlichen Neuordnung nach dem Ersten Weltkrieg war der Vatikan darum bemüht, ab 1922 unter Federführung des Autors obiger Zeilen Papst Pius XI. mit dem Deutschen Reich ein Konkordat abzuschließen. Dies scheiterte an den Mehrheitsverhältnissen im damaligen Parlament. Schon wenige Monate nach der Machtergreifung durch die Nationalsozialisten wurde am 20. Juli 1933 das Reichskonkordat abgeschlossen, das ganz zentral auch das Bildungswesen betrifft. Es hat, wie das Bundesverfassungsgericht am 23. März 1957 urteilte, auch heute noch Bestand.[197] Das Konkordat sichert den katholischen

197 Siehe: http://www.bundestag.de/dokumente/analysen/2010/reichskonkordat.pdf (7/2012).

Religionsunterricht als ordentliches Lehrfach (Art. 21), bestimmt die Beibehaltung und Neueinrichtung katholischer Bekenntnisschulen (Art. 23) und garantiert den Fortbestand der katholisch-theologischen Fakultäten an den Universitäten (Art. 19). Im Protokoll zu Art. 32 hielt es fest, dass für nicht katholische Konfessionen gleichartige Regelungen zu treffen seien.

Vor diesem Hintergrund haben die Väter des Grundgesetzes der Bundesrepublik Deutschland 1949 das Verhältnis zwischen Religionsgemeinschaften und Schulen im Grundgesetz verankert.

Religion und Schule im Grundgesetz

Das Ergebnis der geschilderten historischen Prozesse lässt sich im Grundgesetz der Bundesrepublik Deutschland ablesen. Im Art. 4 der Grundrechte wird festgestellt:

> „Die Freiheit des Glaubens, des Gewissens und die Freiheit des religiösen und weltanschaulichen Bekenntnisses sind unverletzlich."

Hieraus ergibt sich in Art. 7 des Grundgesetzes:

> „Das gesamte Schulwesen steht unter der Aufsicht des Staates.
>
> Die Erziehungsberechtigten haben das Recht, über die Teilnahme des Kindes am Religionsunterricht zu befinden.
>
> Der Religionsunterricht ist in den öffentlichen Schulen mit Ausnahme der bekenntnisfreien Schulen ordentliches Lehrfach. Unbeschadet des staatlichen Aufsichtsrechtes wird Religionsunterricht in Übereinstimmung mit den Grundsätzen der Religionsgemeinschaften erteilt. Kein Lehrer darf gegen seinen Willen verpflichtet werden, Religionsunterricht zu erteilen."

Zudem haben einige Artikel der Weimarer Verfassung Bestand (Art. 140 Grundgesetz):

> (Art. 136 WRV): „Niemand ist verpflichtet, seine religiöse Überzeugung zu offenbaren.
>
> Niemand darf zu einer kirchlichen Handlung oder Feierlichkeit oder zur Teilnahme an religiösen Übungen oder zur Benutzung einer religiösen Eidesform gezwungen werden."
>
> (Art. 137 WRV): „Es besteht keine Staatskirche. […]
>
> Jede Religionsgesellschaft ordnet und verwaltet ihre Angelegenheiten selbstständig innerhalb der Schranken des für alle geltenden Gesetzes. […]
>
> Den Religionsgesellschaften werden die Vereinigungen gleichgestellt, die sich die gemeinschaftliche Pflege einer Weltanschauung zur Aufgabe machen. […]"
>
> (Art. 141 WRV): „Soweit das Bedürfnis nach Gottesdienst und Seelsorge im Heer, in Krankenhäusern, Strafanstalten oder sonstigen öffentlichen Anstalten[198] besteht, sind die Religionsgesellschaften zur Vornahme religiöser Handlungen zuzulassen, wobei jeder Zwang fernzuhalten ist."

Die Beziehung zwischen den Religionsgemeinschaften und der Schule wird damit vom Grundsatz der Religionsfreiheit her gestaltet. Damit ist sowohl die positive Religionsfreiheit gemeint (also das Recht, eine Religion zu haben, sich zu ihr zu bekennen und sie auszuüben) als auch die negative Religionsfreiheit (also das Recht, keine Religion zu haben und auch an keiner religiösen Handlung teilnehmen zu müssen). Damit verbunden ist die Aussage des Artikels 3 des Grundgesetzes, wonach niemand wegen seiner religiösen Anschauung (oder dem Umstand, dass er keine Religion hat) bevorzugt oder benachteiligt werden darf. Der Staat selbst verhält sich weltanschaulich neutral, das heißt, er *bekennt* sich nicht zu einer Religion oder einer spezifischen Weltanschauung. In diesem Sinne ist der gesamte Unterricht einer öffentlichen Schule weltanschauungsneutral, also bekenntnisfrei; allein der Religionsunterricht ist ein Bekenntnisunterricht.

198 Damit sind auch Schulen gemeint.

Abgesehen von Bekenntnisschulen oder christlichen Schulen in freier Trägerschaft beschränkt sich der Einfluss der Kirchen damit auf den Religionsunterricht, verbunden mit der Möglichkeit, dass sie im Rahmen der Schule Schul-Gottesdienste oder auch Schulgebete pflegen dürfen, wenn die Freiwilligkeit der Teilnahme gesichert ist und die Nichtteilnehmenden in zumutbarer Weise ausweichen können.

Der Religionsunterricht selbst ist grundgesetzlich dadurch geschützt, dass er als „ordentliches Lehrfach" ausgewiesen ist. Das bedeutet, dass der Besuch des Religionsunterrichts für Angehörige einer Religionsgemeinschaft so lange verpflichtend ist, bis man sich aus Gewissensgründen abmeldet bzw. aus der Religionsgemeinschaft austritt und es hierbei zu einer versetzungsrelevanten Leistungsbeurteilung kommt.

Forderungen einer säkularen Schulpolitik

Kreuze im Klassenzimmer

Es wird nicht ganz falsch sein, den Ursprung der Kreuztradition als Klassenzimmersymbol im einstigen Bildungsmonopol der christlichen Kirchen zu suchen. Plakativ gesagt hat sich das heutige Schulwesen in den letzten 150 Jahren von der damaligen *Bekenntnis*schule zu einem Schulwesen gewandelt, dass *Erkenntnisse* vermittelt – ein Prozess, der noch nicht ganz abgeschlossen ist. Die staatliche Schulaufsicht, das Übergewicht weltlicher (Realien-)Fächer gegenüber religionsbezogenem Unterricht, die gemeinsame Unterrichtung von Schülern verschiedener Bekenntnisse: All das musste, wie dargestellt wurde, den Kirchen abgerungen werden.

Es ist verständlich, dass im Sinne der Bertelsmann Stiftung „christlich Hochreligiöse" das Engramm „Wir leben im christlichen Abendland" verinnerlichen, wenn sie die ganze Schulzeit hindurch den öffentlichen Raum ihres Klassenzimmers mit dem Kreuzsymbol ihrer Religion signiert erleben. Noch bis vor wenigen Jahrzehnten war die Kreuztradition selten konfliktbeladen, da das Gros der Bevölkerung wenigstens eine lockere Beziehung zum Christentum hatte. Wie gezeigt wurde, ist das heute nicht mehr der Fall. Damit wird die hierdurch erfolgte symbolische Vereinnahmung problematisch.

„Kultur“ kann nicht mit „Religion“ gleichgesetzt werden. Die Rede darüber, ob beispielsweise der Islam zu Deutschland gehört oder nicht, löst sich schnell in Wohlgefallen auf, wenn man den Versuch macht zu fragen: Gehört Fußball, Wikipedia oder Mercedes zu Deutschland oder nicht? Eine Kultur ist wesentlich mehr als die Rituale und Mythen, die ihre Mitglieder in Bezug auf eine vermeintliche oder tatsächliche Transzendenz hin pflegen. Die Sprache einschließlich ihrer Dialekte, die (natürlich auch religiös beeinflusste) Kunst, die Literatur, die politischen „Rituale“, die Rechtsprechung, Wissenschaft, und, und, und: All das sind ganz wesentliche Aspekte dessen, was wir Kultur nennen.

Die Bedeutung von Religion ist keineswegs geschmälert, wenn darauf hingewiesen wird, dass Religion einen – in manchen Kulturen auch ganz wesentlichen – Teil dessen ausmacht, was Kultur bedeutet. Aber eben nur einen Teil. Wie gezeigt wurde, ist es auch im Hinblick auf das Wertefundament Europas eine Verkürzung, das Christentum als vornehmliche Quelle dieser Werte herauszustellen. Auch diese Argumentation rechtfertigt Kreuze in Klassenzimmern nicht. Zudem hat Deutschland keine Staatskirche, sondern die weltanschauliche Neutralität staatlicherseits ist ein wesentlicher, immer wichtiger werdender Verfassungsgrundsatz.

Für eine Kultur, die sehr verschiedene Religions- und Weltanschauungsgemeinschaften umfasst, ist es besonders problematisch, wenn ein eindeutig religiöses Symbol zum allgemeinen Kultursymbol erhoben werden soll. Denn so sehr religiöse Riten und gemeinsamer Glaube die Mitglieder *einer* Religionsgemeinschaft verbinden und Religion damit innerhalb der „Ingroup“ gemeinschaftsstiftend wirkt, so sehr grenzt sie sich gegenüber anderen, der „Outgroup“, ab. Die Konfessionalität des Religionsunterrichts ist hierfür ein sprechendes Beispiel. Deshalb war und ist das Miteinander verschiedener Religionen nur allzu oft problematisch. Aus diesem Grunde ist es wichtig, dass im staatlich-öffentlichen Raum das religiöse Bekenntnis in die zweite Reihe tritt. Wir müssen lernen, uns in erster Linie als Mensch, als Citoyen zu begegnen. Die Frage, wessen Glaubens Kind der Einzelne ist oder auch nicht ist, stellt eine intimere, sehr persönliche Dimension dar, die im öffentlich-staatlichen Miteinander keine vordergründige Rolle spielen sollte. Das ist mit dem laizistischen Slogan „Religion ist Privatsache" gemeint – und nicht eine Diskriminierung des Religiösen.

Für das Kruzifix ist dies doppelt schwierig. Denn was soll die Darstellung einer brutalen und im höchsten Maße demütigenden Todesstrafe symbolisieren – ohne den christlichen Kontext? So stammt die Behauptung, das Kreuz sei zu einem weltlichen Symbol geworden, aus dem Munde christlicher Verteidiger; dem Autor ist bisher kein säkularer Zugang zu dem Symbol aus der Feder eines dem Christentum Fernstehenden bekannt. Was bleibt, ist der Gewöhnungseffekt – und der ist angesichts der Brutalität des Dargestellten problematisch. Deshalb sind Kreuze in Klassenzimmern, genauso wie andere Religionssymbole, abzulehnen. Etwas ganz anderes ist es, wenn Schülerinnen oder Schüler ein Kreuzanhänger tragen und damit ihre Verbundenheit mit der christlichen Religion zum Ausdruck bringen wollen.

Was bleibt, ist das Anliegen, die gemeinsamen kulturellen Werte, wie sie sich im Grundgesetz niederschlagen, auch symbolisch in den Räumen gemeinsamer Sozialisation der Heranwachsenden gegenwärtig haben zu wollen und damit ein stilles Zeichen zu setzen, das die Jugend an das geistige Band unserer Gesellschaft erinnert. Das ist berechtigt. Vielleicht ist es möglich, das Emblem der Vereinten Nationen für diesen Zweck einzuführen. Es hat Tradition, wenn auch keine Jahrhunderte währende; es entstammt keinem dadurch bevorzugten religiösen Kontext; es steht für den globalen Wunsch nach Frieden, für den Einsatz für Menschenrechte, für Völkerverständigung über religiöse Grenzen hinweg, für „Global denken – lokal handeln", für einen nachhaltigen Umgang mit unserer Erde. Alles Werte, die unabhängig von Religion und Weltanschauung alle Menschen verbinden oder doch verbinden sollten. Es wäre auch möglich, wesentliche Artikel des Grundgesetzes oder der allgemeinen Erklärung der Menschenrechte im Klassenzimmer auszuhängen.

Keine „Missionierungsversuche" und Verteilung „heiliger Schriften" im Umfeld öffentlicher Schulen

Wer gelegentlich in einem Hotel übernachtet, dem ist vielleicht schon eine Gideonbibel in die Hand gefallen. Der vor über 100 Jahren gegründete Gideonbund hat es sich zur Aufgabe gemacht, Lutherbibeln in Hotels, Schulen, Krankenhäusern, Justizvollzugsanstalten und Arztpraxen als „Geschenk" zu verteilen. Die Bibelverteilungen an Schulen werden von vielen Kultusministerien ausdrücklich begrüßt, wenn auch nur im Religionsunterricht und nach Zustimmung des jeweiligen Schulleiters; im Flyer des Gideonbundes wirbt auch der damalige Bundespräsident Horst Köhler für diese Aktionen.[199] Auf der letzten Seite der in den Schulen verteilten Bibel wird der Schüler aufgefordert, mit Name und Datum folgendes Bekenntnis zu unterschreiben, das in einfacher Form den Kern der biblischen Botschaft wiedergibt:

> „Ich bekenne, dass ich ein Sünder bin, und ich glaube, dass der Herr Jesus Christus für meine Sünden am Kreuz gestorben ist und zu meiner Rechtfertigung auferstanden ist. Ich nehme ihn jetzt an und bekenne ihn als meinen persönlichen Erretter. Name: … Datum: …"[200]

Der Autor hat selbst eine solche Verteilungsaktion vor den Toren einer Schule erlebt, die keineswegs durchweg friedlich verlief. Sie wurde von vielen Schülern mit einem gesunden Befremden aufgenommen, es kam auch zu einer offenen Konfrontation. Am Ende fanden sich haufenweise Bibeln in den Papierkörben der Schulzimmer.

Man möge sich einmal vorstellen, ein entsprechender islamischer Bund würde den Koran an Schulen verteilen und Schüler auffordern, ein Bekenntnis zu Mohammed als Propheten Allahs zu unterschreiben!

---

199 Siehe: www.gideons.org/~/media/PDFs/Germany/Schulleiter-Flyer_2010.ashx (8/2012).

200 Kleine, grüne Gideonbibel: Neues Testament, Auflage 2006/1.

Das Verteilen „Heiliger Schriften" oder das direkte Missionieren im Umfeld der Schule steht der Neutralitätspflicht des Staates entgegen und muss daher mit Nachdruck unterbunden werden.

Säkulare Schulfeiern

Festlichkeiten, die die ganze Schule miteinander erlebt, haben einen hohen Stellenwert im Kanon schulischer Anliegen, da sie gemeinschaftsbildend wirken und einen ganz wesentlichen Teil der Kultur repräsentieren, in die hinein sich junge Menschen sozialisieren. Besondere Momente im schulischen Jahreslauf, wie der Schuljahresbeginn, das Schuljahres- oder das Jahresende, geben Anlass, besinnliche gemeinsame Akzente zu setzen.

An diese Stelle tritt traditionell in vielen Schulen der Gottesdienst. Die Möglichkeit, Gottesdienste zu feiern, ist grundgesetzlich abgesichert, genauso wie eine Teilnahmeverpflichtung nicht bestehen darf.[201] Dies führt dazu, dass Gottesdienste von einem wachsenden Teil der Schulgemeinschaft, sowohl von Schülern als auch von Lehrern, nicht besucht werden. Damit ist ihre Funktion, für die *ganze* Schulgemeinschaft besinnliche und feierliche Momente zu schaffen, nicht mehr gegeben. Sie betonen vielmehr die Spaltung zwischen denjenigen, die sich durch christliche Gottesdienste beseelen lassen, und denjenigen, die Besinnlichkeit anders gestalten würden und mit den christlichen Gottesdiensten wenig anzufangen wissen. Man wird daher langfristig nicht anders können, als Schulgottesdienste durch säkulare Schulfeiern zu ersetzen. Das muss nicht heißen, dass nicht weiterhin Gottesdienste stattfinden dürfen; nur haben sie eine den Religionsunterricht ergänzende Funktion.

Säkulare Schulfeiern sind verbindliche Schulveranstaltungen. Sie können sich zum Beispiel so gestalten, dass aus verschiedenen Unterrichten kleine Beiträge gezeigt werden, die zentrale Anliegen einer Unterrichtseinheit zum Ausdruck bringen und diese damit der Schulgemeinschaft mit-*teilen*. Rückblicke, in denen Schüler,

201 S. o.: Artikel 140 Grundgesetz bzw. Art. 141 WRV.

Schülergruppen oder Lehrer besondere Ereignisse durch Kurzbeiträge würdigen, können ebenfalls Elemente besinnlicher säkularer Feiern sein, genauso wie Gesang, Musik oder szenische Beiträge bzw. Rezitationen aus den Sprachunterrichten: Auf diese Weise können sie für viele Fächer kreative Anreize geben.[202] Säkulare Feiern zeichnen sich dabei dadurch aus, dass sie nicht in kirchlichen Räumen stattfinden und keine glaubenspraktischen Rituale oder religiösen Übungen umfassen. Unbenommen ist natürlich, dass auch aus den Religionsunterrichten Beiträge geleistet werden.[203]

Säkulare Schulfeiern zu etablieren ist mancherorts sicher eine schwierige, ambitionierte Aufgabe und erfordert besonderes Engagement der Lehrer. Langfristig wird man ihr aber nicht ausweichen können, wenn man im Wortsinn eine *Schul*gemeinschaft und keine *Teil-*Schulgemeinschaft pflegen möchte.

Besonders feierlich geht es in vielen Schulen vor der Weihnachtszeit zu. In Unterstufenklassen wird in diesem Zusammenhang gerne ein Christgeburtsspiel aufgeführt. Hierbei sollte es selbstverständlich sein, dass dies nur in Klassen geschieht, in denen ausnahmslos alle Schülerinnen und Schüler aus christlichen Elternhäusern stammen. Andernfalls gilt es, sich auf den Unterschied zwischen Weihnachten und dem christlichen Geburtsfest zu besinnen: „Geweihte Nächte" um die Zeit der Wintersonnenwende festlich zu betonen ist ein kulturübergreifendes Phänomen und entspricht der Befindlichkeit, die

---

202 Ähnliches ist beispielsweise in Waldorfschulen erprobte Tradition und hat allein dadurch, dass Lehrer wie Schüler schlaglichtartig erleben, was hinter den Zimmertüren der anderen Klassen geschieht, den Effekt, dass die gesamte Schulgemeinschaft konkreter erlebt wird.

203 Dies stimmt überein mit den „Richtlinien für religiöse Feiern unter Beteiligung mehrerer Religionsgesellschaften". Es muss klar unterschieden werden zwischen säkularen Feiern und Gebetstreffen im Rahmen überkonfessioneller religiöser Feiern. Für Letztere gilt aus katholischer Sicht das anlässlich des Weltgebetstreffens in Assisi 1986 von Papst Johannes Paul II. formulierte Grundprinzip: „Man kann sicher nicht zusammen beten, aber man kann zugegen sein, wenn die anderen beten." Siehe: www.schulamt.at/downloads/modelle.pdf (8/2012).

dieser Moment im Jahreslauf gerade in unseren Breiten auslöst. Schon die alten europäischen Megalithkulturen haben diesen Wendepunkt im Jahreslauf in ihren Denkmälern verewigt.[204] Auch – oder vielleicht gerade – ohne den ausschließlich christlichen Bezug lässt sich Weihnachten als kulturübergreifendes Friedensfest gestalten.

Philosophie, Ethik und Religionskunde für alle

Religionsunterricht als Fach mit strukturellen Besonderheiten

Die weitgehendste schulpolitische Forderung in der Laizismusdebatte beinhaltet die Einrichtung eines Philosophie-, Ethik- und Religionskundeunterrichts (in Folge als „PER" abgekürzt) ab der ersten Klasse, an dem alle Schüler jeder Konfession verpflichtend teilnehmen. Der Autor möchte diese Forderung mit Nachdruck unterstreichen.

Eine Vorbemerkung sei erlaubt. Die Einführung eines PER-Unterrichts sollte unabhängig von der Frage diskutiert werden, welchen Stellenwert der bestehende konfessionelle Religionsunterricht zukünftig haben soll. Der konfessionelle Religionsunterricht wird vielfach mit hohem Engagement gehalten und dementsprechend von vielen Schülern sehr positiv erlebt. Es soll aber im Folgenden die Überzeugung zum Ausdruck gebracht werden, dass ein guter Teil dessen, was der Religionsunterricht vermittelt, in einem gemeinsamen, säkularen Unterrichtsrahmen besser geleistet werden kann. Denn den Religionsunterricht zeichnen

---

204 Die Eingänge vieler Ganggräber sind so angelegt, dass nur zur Wintersonnenwende Licht in das Innere der Grabkammer fällt, wie z. B. in Newgrange in Irland oder beim Denghoog in Wenningstedt auf der Insel Sylt. Viele Bräuche, wie der Weihnachtsbaum, sind bekanntermaßen außerchristlichen Ursprungs. Im antiken Rom wurden am 25. 12. (den Julius Cäsar auf die Wintersonnenwende gelegt hatte) sowohl die Geburt des Mithras (Mithraskult) gefeiert als auch das Fest für den Sol invictus begangen, den römischen Sonnengott. Erst mit der Christianisierung des Römischen Reiches fand die Verknüpfung von Weihnachten mit dem Christgeburtsfest statt.

Besonderheiten aus, die kein anderes Fach kennt, die aber schwerwiegende Konsequenzen haben. Ein PER-Unterricht wird deshalb inhaltlich Bereiche abdecken, die heute in Ermangelung eines PER-Unterrichts dem Religionsunterricht zufallen. Die bekenntnisabhängigen religiösen Inhalte – also das Zentrum eines konfessionellen Religionsunterrichts – sind davon nicht betroffen. Deshalb ist die Diskussion um einen PER-Unterricht und die um den konfessionellen Religionsunterricht[205] voneinander zu trennen.

Der Religionsunterricht ist als einziges Unterrichtsfach grundgesetzlich abgesichert. Nach Art. 7 des Grundgesetzes ist der Religionsunterricht „ordentliches Lehrfach". Das bedeutet aber nicht „zwangsläufig, dass Religionsunterricht in allen Schulen, allen Schularten oder in allen Klassen erteilt werden *muss*."[206] Auch das Fach Gemeinschaftskunde ist ordentliches Lehrfach, wird aber nur in einigen Klassenstufen unterrichtet. Außerdem wird im gleichen Grundgesetzartikel ausdrücklich die Möglichkeit eingeräumt, bekenntnisfreie Schulen einzurichten, an denen kein Religionsunterricht stattfindet. Es ist also auch ohne das Grundgesetz antasten zu müssen erlaubt, über einen PER-Unterricht nachzudenken, der möglicherweise den Stundenumfang des Religionsunterrichts schmälert.

Der Religionsunterricht ist der einzige Unterricht an öffentlichen Schulen, der von einem weltanschaulichen *Bekenntnis* ausgeht. Deshalb ist es auch das einzige ordentliche Lehrfach, von dem sich Schüler abmelden können. In einem Bundesverfassungsgerichtsbeschluss vom 25. Februar 1987 wurde der Bekenntnischarakter des Religionsunterrichts folgendermaßen beschrieben:

---

205 In dieser Diskussion geht es darum, ob also bekenntnisabhängige religiöse Unterweisungen die Kirchen und Religionsgemeinschaften außerhalb des Schulbetriebes selbstständig leisten sollten, wie dies in den Vereinigten Staaten geregelt ist. Dies ist auch eine Kostenfrage, denn durch die zunehmende Aufsplitterung der Klassen in die verschiedensten Bekenntnisgruppen ist der Religionsunterricht sehr teuer.

206 Siehe hierzu: http://www.humanisten-freiburg.de/sites/default/files/pdf/Religion%20und%20Schule%20Juni%202012%20Farbe.pdf (7/2012).

> „[Der Religionsunterricht] ist keine überkonfessionell vergleichende Betrachtung religiöser Lehren, nicht bloß Morallehre, Sittenunterricht, historisierende und relativierende Religionskunde, Religion oder Bibelgeschichte. Sein Gegenstand ist vielmehr der Bekenntnisinhalt, nämlich die Glaubenssätze der jeweiligen Religionsgemeinschaft. Diese als bestehende Wahrheiten zu vermitteln, ist seine Aufgabe."[207]

Konkret heißt dies zum Beispiel für den katholischen Religionsunterricht:

> „Der Religionslehrer und die Religionslehrerin erschließen die Wirklichkeit im Licht der Verheißung, also im Horizont des kommenden Reiches, in der Perspektive ihrer eschatologischen Bestimmung. Es geht um die Erschließung der Offenbarung in Bibel und kirchliche Überlieferung für die Menschen heute."[208]

Daher muss Religionsunterricht in konfessionell getrennten Gruppen stattfinden. Ein Schüler, eine Schülerin erlebt also den gesamten Religionsunterricht in einer bekenntnishomogenen Gruppe und wird ausschließlich von Lehrern unterrichtet, die sich zur gleichen Religion bekennen.[209] Er oder sie werden also im gesamten Schulwesen weltanschauliche Neutralität, im Religionsunterricht aber ein klares Bekenntnis zu seiner eigenen Religion erlebt haben.

---

207 Zitiert aus der fünften Auflage von „Die bildende Kraft des Religionsunterrichts– Zur Konfessionalität des katholischen Religionsunterrichts" von 2009, S. 68. Zur Bedeutung dieses Dokumentes siehe unten. Das Dokument zugänglich unter: www.dbk.de/fileadmin/redaktion/veroeffentlichungen/deutsche-bischoefe/DB56-5. Auflage.pdf (8/2012).

208 Ebd., S. 82.

209 Auf Wunsch und nach Absprache kommt es vor, dass einzelne Schüler einer anderen Religionszugehörigkeit am Religionsunterricht teilnehmen. Mancherorts gibt es, oftmals aus Lehrermangel, einen ökumenisch christlichen Unterricht. In Projekten werden auch Andersgläubige in den Unterricht eingeladen.

Zwar steht auch der Religionsunterricht unter staatlicher Aufsicht und der Staat finanziert die im Zusammenhang mit dem Religionsunterricht entstehenden Kosten zur Gänze. Solange die freiheitlich-demokratische Grundordnung aber nicht infrage gestellt wird, gestalten die Religionsgemeinschaften inhaltlich den Unterricht eigenständig; der Religionsunterricht ist damit das einzige Fach an öffentlichen Schulen, für die der Staat keine Curricula erstellt. Man spricht in diesem Zusammenhang von einer „Res mixta" zwischen Staat und Weltanschauungsgemeinschaft.

Neben der staatlichen Schulaufsicht wacht die Kirche darüber, dass der „Religionsunterricht in Übereinstimmung mit der Lehre der Kirche glaubwürdig" erteilt wird.[210] Dem katholischen Religionslehrer wird hierfür die sogenannte „Missio canonica" ausgestellt,[211] er unterrichtet direkt im Auftrag des Erzbischofs. Auch die Lebensführung des Religionslehrers muss mit den Grundsätzen der katholischen Lehre übereinstimmen, andernfalls kann die „Missio canonica" entzogen werden.[212] Das Episkopat der katholischen Kirche hat damit direkten Einfluss auf den Religionsunterricht an öffentlichen Schulen.

Die geschilderten Eigenheiten des Religionsunterrichts bedürfen einer besonderen Begründung, die in zwei grundlegenden Dokumenten der Deutschen Bischofskonferenz zum Religionsunterricht auch vorliegt.[213] Hier heißt es:

---

210 Siehe: http://www.ordinariat-freiburg.de/download/schule-missio-ordnung.pdf (8/2012).

211 Im protestantischen Zusammenhang entspricht dem die „vocatio".

212 So geschehen 2003, nachdem eine katholische Religionslehrerin eine lesbische Ehe eingegangen ist, siehe: http://www.spiegel.de/schulspiegel/katholiken-moral-lesbische-lehrerin-darf-nicht-unterrichten-a-250135.html (8/2012).

213 Zum einen die oben schon zitierte Schrift „Die bildende Kraft des Religionsunterrichts – Zur Konfessionalität des katholischen Religionsunterrichts", Quelle siehe oben. Zum anderen der Beschluss der Deutschen Bischofskonferenz von 1974, dargestellt in „Der Religionsunterricht in der Schule", Einleitung von Prof. Ludwig Volz, Quelle: www.dbk.de/fileadmin/redaktion/Synoden/gemeinsame_Synode/band1/04_Religionsunterricht.pdf (8/2012).

> „Nimmt der Staat das Monopol in Bildung und Erziehung für sich in Anspruch, dann ist er totalitär. […] Die Kirchen wurden in die Pflicht genommen und […] mit der inhaltlichen Füllung des Faches Religion betraut."[214]

Das muss man zweimal lesen! Eine Institution, die Jahrhunderte das Bildungsmonopol innehatte und ihr Bekenntnis mit Meinungs- und Pressezensur verteidigte, die Andersdenkende unterdrückte und verfolgte, Listen verbotener Bücher führte, auf denen viele derjenigen Autoren zu finden waren, denen wir unsere heutige, liberale Lebensweise zu verdanken haben, diese Institution, für die bis in die sechziger Jahre, also bis zum Zweiten Vatikanischen Konzil, eine freiheitliche politische Ordnung keine Selbstverständlichkeit darstellte, die katholische Kirche also, meint jetzt, „dem Staat" in Sachen Bildungsvorgaben beistehen zu müssen, damit dieser nicht totalitär werde!

Als „warnendes Beispiel" wird im nächsten Satz auf den „staatlich verordneten Weltanschauungsunterricht in der Zeit des DDR-Sozialismus" hingewiesen. Hiergegen haben sich die katholischen Bischöfe der DDR am 17. November 1974 in einem ebenfalls zitierten Hirtenwort in folgender Weise gewendet:

> „In den Erziehungs- und Lehrplänen […] ist ausschließlich die Weltanschauung des dialektischen Materialismus die Grundlage. Das gesamte Leben soll von dieser Ideologie geprägt werden. Weltanschauliche Neutralität wird abgelehnt."[215]

Dem Anliegen des Hirtenwortes kann man nur beipflichten, da es unterstreicht, wie wichtig weltanschauliche Neutralität des Staates ist, die gerade das Markenzeichen unseres bundesdeutschen Grundgesetzes ausmacht. So ist nur folgerichtig, was in den nächsten Zeilen des Dokumentes beschrieben wird:

---

214 Deutsche Bischofskonferenz: Die bildende Kraft des Religionsunterrichts, S. 22.

215 Ebd., S. 22.

> „Belehrt von der Geschichte des totalitären nationalsozialistischen Staates hat sich die Bundesrepublik Deutschland in der religiösen Erziehung in der Schule eine bewusste Selbstbeschränkung auferlegt.“

Eine Glaubenserziehung auf ein bestimmtes Bekenntnis hin kann vom Staat nicht vorgegeben werden; Glaube gehört in die Privatsphäre seiner Bürger, genau das ist das Grundanliegen einer laizistischen Staatsordnung!

Man könnte fast gleicher Meinung sein, wenn nicht durch die Hintertüre der staatlich geförderte weltanschauliche Zugriff dennoch befürwortet würde mit folgender Wendung:

> „Viele Soziologen und Philosophen[216] [...] sehen in der Religion die letztgültige Kraft, die die Gesellschaft integrieren und dem Individuum Identität gewähren kann. Allein Religion könne zwanglos den fundamentalen Wertekonsens garantieren, auf den auch eine pluralistische Gesellschaft angewiesen sei. Grundwerte und öffentliche Moral können und dürfen nicht vom Staat selber legitimiert werden. Wenn er das tut, dann wird er totalitär, weil er sich selber mittels Propaganda die Akzeptanz verschaffen muss, die er braucht. So ist gerade der moderne Staat auf Religion angewiesen.“[217]

Eine Religion mag in dem Fall einer Gesellschaft Identität verleihen, wenn sie *zwanglos* von *allen* Mitgliedern geteilt wird. Gerade das ist aber in Deutschland nicht der Fall und wird vom Grundgesetz auch nicht angestrebt![218] Insofern kann in einem freiheitlich-demokratischen Staat keine Religion den Anspruch erheben, für alle identitätsstiftend zu sein. Identitätsstiftend ist allein der im Grundgesetz festgeschriebene Wertekonsens. Dieser Wertekonsens darf und muss vom Staat auch vermittelt werden. Es muss klar unterschieden werden zwischen weltanschaulicher Neutralität und Werteneutralität. Der Staat ist darauf angewiesen, seine Grundwerte in aller Entschiedenheit auch zu vermitteln.

---

216 Namen oder Quellen werden im Dokument nicht angeführt!

217 Ebd., S. 22–23.

218 Artikel 137 WRV: „Es besteht keine Staatskirche“.

Wie der einzelne Bürger diese Werte weltanschaulich für sich begründet, darin ist Neutralität zu wahren. Dass es möglich ist, beispielsweise Menschenrechte religiös zu begründen (Gottesebenbildlichkeit) oder philosophisch (z. B. über den „kategorischen Imperativ"), kann in einem weltanschaulich neutralen Unterricht vorgestellt werden; es muss aber jedem überlassen sein, welche Begründung für ihn ausschlaggebend ist.

Auch ein weltanschaulich neutraler Staat hat damit eine klare Wertebasis unabhängig von den Religions- und Weltanschauungsgemeinschaften, die die Kultur dieses Staates gemeinschaftlich prägen. In diesem Sinne ist er nicht defizitär und nicht auf Religionsgemeinschaften angewiesen. Was nicht heißen soll, dass jede Weltanschauungsgemeinschaft ihren Platz in einem weltanschaulich neutralen Staat haben muss und soll; aber *alle*, die der freiheitlich-demokratischen Grundordnung nicht widersprechen, können in ihm ihren Platz finden, und dies auf Augenhöhe. Für das staatlich-politische Miteinander sind nicht Religions- oder Weltanschauungsgemeinschaften ausschlaggebend, sondern die Ideen und das Engagement, die jeder einzelne Bürger zum Diskurs und zum Wohlergehen aller beiträgt, unabhängig davon, wo er seine geistige Heimat hat: Genau diese Haltung hat zur Folge, dass der Staat *nicht totalitär* wird.

Für den Religionsunterricht als Bekenntnisunterricht ist damit wohl begründet, dass der Staat seine inhaltliche Gestaltung in die Verantwortung der Religionsgemeinschaften stellen muss. Es muss aber gefragt werden, ob neben dem bekenntnisgebundenen Unterricht ein gemeinsamer Philosophie-, Ethik- und Religions*kunde*-Unterricht[219] eingerichtet werden sollte. Da dieser kein Bekenntnisunterricht, und damit weltanschaulich neutral ist, ist hierfür weder eine Aufteilung der Schüler in konfessionshomogene Gruppen wünschenswert noch die Möglichkeit notwendig, sich von diesem Unterricht befreien zu können.

219 Denn Religionskunde bietet dem eigenen Bekunden nach der Religionsunterricht nicht, siehe Zitat oben! Ob er dies dann doch leistet, sei an dieser Stelle dahingestellt.

Zur Geschichte des Ethikunterrichts als Ersatz- und Wahlpflichtfach

Bekanntlich gibt es einen bekenntnisunabhängigen PER-Unterricht, meist kurz „Ethik" genannt, seit mehreren Jahrzehnten, wenn auch zumeist nicht als verbindlichen Unterricht für alle Schüler, sondern als Wahlpflicht- oder Ersatzfach für diejenigen, die einen Religionsunterricht nicht besuchen. 1997 legte Dr. Martin F. Meyer vom philosophischen Seminar der Universität Koblenz-Landau eine lesenswerte Studie vor, die die Entstehungsgeschichte und die praktische Ausgestaltung dieses Faches darstellt.[220] Einige Ergebnisse dieser Studie seien hier zusammengefasst.

Die Entstehung des Faches Ethik geht auf eine Krise des Religionsunterrichts zurück, die durch den Bewusstseinswandel in Bezug auf religiöse Einstellungen infolge der sogenannten 68er-Bewegung ausgelöst wurde. Ende der sechziger, Anfang der siebziger Jahre sank die Zahl der Kirchenbesucher drastisch, viele traten aus den Kirchen aus, und entsprechend machten viele Jugendliche von ihrem Recht Gebrauch, sich vom Religionsunterricht abzumelden. Um diesen Trend abzuschwächen, führte der damalige bayerische Kultusminister Hans Maier für die abgemeldeten Schüler das Ersatzfach Ethik ein, damit sie „nicht einfach in Cafés herumsitzen, zum Ärger der anderen Schüler, die noch bei der Stange geblieben waren".[221] In rascher Folge zogen fast alle Bundesländer nach. Die ursprüngliche Motivation zur Einführung dieses

220 Diese Studie ist online verfügbar: Martin F. Meyer: Ethikunterricht in Deutschland – Die Bundesländer im Vergleich, abrufbar unter: http://www.uni-koblenz-landau.de/koblenz/fb2/ik/institut/philosophie/lehrende/meyer/der-ethikunterricht-in-deutschland.pdf (8/2012). Ein ebenfalls lesenswerter Vorgänger dieser Studie, auf den Meyer auch Bezug nimmt, ist die des Professors für allgemeine Pädagogik Alfred K. Treml: Ethik als Unterrichtsfach in den verschiedenen Bundesländern, eine Zwischenbilanz, abrufbar unter: http://www.bfg-bayern.de/ethik/download/Ethik%20als%20Schulfach.pdf (8/2012).

221 Originalzitat von Hans Maier in „Herausforderung Ethikunterricht – Ethik/Werte und Normen als Ersatzfach in der Schule" (Hrsg. Harmut Zinser). Zitiert aus Meyer, Ethikunterricht in Deutschland.

Faches „folgte mithin keineswegs ethisch moralischen Zielsetzungen. Es ging um nichts anderes, als darum, diejenigen Schüler, die sich vom Religionsunterricht abgemeldet hatten oder dies anstrebten" (damals „Religionsflüchtler"[222] genannt), „möglichst wirksam abzuschrecken."[223] Trotz anfänglicher „Abschreckungserfolge" wuchs aber die Zahl derer, die am Ethikunterricht teilnehmen, stetig, sodass heute dieses Fach quantitativ die gleiche Bedeutung hat wie der jeweilige Religionsunterricht.

Es ist eine eigene, spannende Geschichte, wie aus dieser Notlösungssituation in von Bundesland zu Bundesland unterschiedlicher Weise ein eigenständiges und selbstbewusstes Fach wurde, bis dahin, dass sich eine Lehrerausbildung zum Ethiklehrer etablierte. Diese Geschichte zeugt davon, dass mehr und mehr Menschen ihre Sinnsuche nicht mehr bekenntnisgebunden im Rahmen ihrer tradierten Religion, sondern selbstbestimmt vor dem geschichtlichen und gegenwärtigen Wissenshorizont bestreiten, zu dem auch, aber eben nicht nur, die Religionen gehören.

Bis auf Ausnahmen bleibt der Ethikunterricht aber als Alternative an das Fach Religion gebunden. Dies wird schon dadurch deutlich, dass er in der Regel erst ab dem siebten bzw. achten Schuljahr angeboten wird, das ist das Jahr, in dem die Schüler religionsmündig werden und über die Teilnahme am Religionsunterricht selbst entscheiden können. Vorher haben die Schüler, die nicht am Religionsunterricht teilnehmen, Freistunden oder ihnen wird nahegelegt, an einem der bestehenden Religionsunterrichte teilzunehmen. Dies stellt Schulen mitunter vor erhebliche Aufsichtsprobleme. Selbst wenn etwa die Hälfte der Schüler der ersten Schuljahrgänge nicht am Religionsunterricht teilnimmt, wird oftmals ein Ethikunterricht verweigert. So kam es in der Freiburger Karoline-Kaspar-Schule zum Rechtsstreit mit dem Land Baden-Württemberg, weil hier 50 % der Schüler betroffen waren, ohne dass ein Ethikunterricht eingerichtet wurde; die Eltern richteten sogar einen

222 Z. B. in einer Empfehlung der Kultusministerkonferenz von 1972, s. Meyer, Ethikunterricht in Deutschland S. 18.

223 Ebd.

selbst finanzierten (!) Philosophieunterricht ein. Das Kultusministerium argumentierte in dieser Sache, dass es „grundsätzlich die Aufgabe aller Fächer sei, den Schülerinnen und Schülern Grundwerte und ethische Einstellungen zu vermitteln", weswegen sich „das Fach Ethik erübrige".[224] Trotz der in Bezug auf das Grundgesetz rechtlich problematischen Situation konnte sich das Land Baden-Württemberg vor dem Verwaltungsgericht Freiburg im Oktober 2011 gegen die Klage eines Elternteils der Schule durchsetzen, wodurch ein Ethikunterricht in der Grundschule nach wie vor nicht stattfindet.

Eine weitere Schieflage wird dadurch deutlich, dass in den Bundesländern, in denen der Ethikunterricht den Status eines Ersatzfaches hat, Ethikunterricht dann entfällt, wenn mangels Interesse ein Religionsunterricht nicht stattfinden kann. Letzterer muss aber immer dann eingerichtet werden, wenn mindestens acht Menschen einer Konfessionsgruppe diesen Unterricht wünschen. Hat der Ethikunterricht den Charakter eines Wahlpflichtfaches, findet er auch dann statt, wenn der entsprechende Religionsunterricht wegen einer zu kleinen Schülergruppe nicht eingerichtet wird.

Wie aber muss man sich die thematisch inhaltliche Gestaltung des Ethikunterrichts vorstellen? Die durchaus vielfältigen inhaltlichen Themenbereiche gliedert M. Meyer[225] in folgende Kategorien, die je nach Jahrgangsstufe unterschiedlich gewichtet sind:

> „Praktische Philosophie: Studium der klassischen ethischen Texte (Aristoteles, Kant, u. a.), Anregung zur eigenen philosophisch fundierten Reflexion.
>
> Ethische Reflexion: Ziel ist die ethische Urteilsbildung bzw. die ethische Kompetenz, die zur Reflexion von Normen und Werten führen soll.

---

224 Siehe: www.schule-mit-zukunft.com/?download=Ethik%20Beitext.pdf (8/2012). Siehe hierzu auch: http://hpd.de/node/5397 (8/2012) und http://www.badische-zeitung.de/freiburg/klage-gescheitert-kein-ethik-unterricht-an-der-grundschule--50939245.html (8/2012).

225 In Anlehnung an K. Treml.

> Moralerziehung: Moralische Unterweisung in die allgemein anerkannten Grundwerte und Normen der bestehenden Gesellschaftsordnung (Grundgesetz, Menschenrechte).
>
> Lebenshilfe: Lebensweltorientierte Stoffvermittlung mit unmittelbar praktischen Bezügen."[226]

Die Bezugswissenschaft des Ethikunterrichts ist die Philosophie bzw., was die Religions*kunde* anbelangt, die Religions*wissenschaften* genauso, wie die Bezugsdisziplin für den Religionsunterricht die jeweilige Theologie darstellt.

Schon anhand dieses Überblicks lässt sich erahnen, dass Religions- und Ethikunterricht Überschneidungen aufweisen. Lebenshilfe beispielsweise werden beide Unterrichte leisten wollen. Sicher werden auch philosophische Texte im Religionsunterricht bemüht, zentrale Bezugstexte sind allerdings die jeweiligen heiligen Bücher (Talmud, Koran, Bibel), die als „Wort Gottes" höchste Autorität besitzen. Im Zentrum der Moralerziehung stehen im Religionsunterricht neben den allgemein anerkannten Grundwerten die spezifischen Werte der einzelnen Religionen und Konfessionen. Zudem erhält der Religionsunterricht durch das konfessionelle Bekenntnis eine einheitliche Prägung. Im Gegensatz dazu wird der Ethikunterricht weltanschaulich neutral unterrichtet, wodurch die ausschließliche Identifikation mit einer Weltsicht entfällt. Trotz thematischer Überschneidungen unterscheiden sich Religions- und Ethikunterricht damit fundamental.

226 Meyer, Ethikunterricht in Deutschland, S. 21.

Ethik für alle und der Berliner Volksentscheid von 2008

Ein Ehrenmord an der Deutschen kurdischer Herkunft Hatun Sürücü im Februar 2005 im Bundesland Berlin löste eine Diskussion aus, in deren Folge das Berliner Abgeordnetenhaus mit großer Mehrheit das Fach Ethik für die Klassenstufen 7–10 einführte. An diesem Fach müssen alle Schüler einer Klasse teilnehmen, ohne die Möglichkeit zu haben, sich vom Unterricht abzumelden. Diese Regelung hat keine Auswirkung auf den Religionsunterricht, der in Berlin von der ersten Klasse an als freiwilliges, zusätzliches Fach stattfindet.[227] Gegen diese schulgesetzliche Regelung formierte sich Widerstand, im Besonderen durch die beiden Großkirchen, die einen Ethikunterricht als Wahlpflichtalternative zum Religionsunterricht eingeführt sehen wollten. Sie gründeten die Initiative „Pro Reli", die letztlich zu einem Volksentscheid in dieser Angelegenheit am 26. April 2009 führte, der zugunsten des Ethikunterrichts für alle ausfiel.

Im Vorfeld des Volksentscheides fanden intensive Debatten über das Pro und Kontra der beiden Modelle statt. Als Befürworter des Ethikunterrichts formierte sich die Initiative „Pro Ethik", der neben verschiedenen humanistischen Verbänden auch eine engagierte „Aktion Christen pro Ethik" angehörte.

Auf diese Weise liegen gut geschliffene Argumente für und gegen einen gemeinsamen Ethikunterricht vor. Einige seien hier zitiert, ohne sie zu kommentieren. Der Leser möge sich selbst fragen, welche Argumente dem Anliegen der Religionsgemeinschaften dienen, ihren Glauben möglichst unverändert zu tradieren, und welche Argumente hingegen darauf abzielen, einen konstruktiven und respektvollen Dialog

227 Dies ist in Berlin durch eine Sonderregelung im Grundgesetz, die sogenannte „Bremer Klausel", möglich, die in Art. 141 des Grundgesetzes die Geltung von Art. 7 des Grundgesetzes für die Bundesländer einschränkt, in denen am 1. Januar 1949 eine abweichende landesrechtliche Regelung für den Religionsunterricht bestand, was für Berlin zutraf.

über die weltanschaulichen Grenzen hinweg zu lernen, von dem unsere Demokratie letztlich lebt. Was sind also elementar staatliche Interessen?

Da hier nur Denkanstöße gegeben werden sollen, können die Argumente nicht ausführlich zitiert werden. Der Leser sei deshalb nachdrücklich auf die Homepages der Initiativen verwiesen!

> Pro Reli: „Nur beim Wahlpflichtbereich Ethik/Religion hat jeder Schüler und jede Schülerin eine wirkliche Wahlfreiheit. [...] Ein staatliches Fach Zwangsethik zeigt einen Mangel an Toleranz gegenüber anderen. [...] Ethik als Zwangsfach behandelt die unterschiedlichsten Schülerinnen und Schüler gleich. Die Fächergruppe Ethik/Religion nimmt dagegen durch ihre Angebotsvielfalt die unterschiedlichen Prägungen der Schülerinnen und Schüler ernst."[228]

> Humanistische Union Berlin: Es entpuppt sich „die Freiheit der Wahl bei näherem Betrachten als Zwang zur Entscheidung zwischen Ethik oder Religion." „Ethik ist nicht Ersatz für Religion und Religion ist nicht Ersatz für Ethik. Wer für sich persönlich oder seine Kinder den Glauben für bedeutsam hält, kann derzeit noch Religionsunterricht in der Schule frei wählen – neben dem Ethikunterricht. Nach dem Willen von ‚Pro Reli' soll das nicht mehr möglich sein."[229]

> Pro Reli: „Die Fächer Ethik bzw. Religion sind authentisch und fördern die Toleranz gegenüber Andersdenkenden. Hier lernen die Schülerinnen und Schüler nicht nur, den Wert ihrer eigenen Grundüberzeugung zu schätzen. Hier lernen sie auch etwas über den Wert von Grundüberzeugungen an

228 www.pro-reli.de/volksentscheid/?page_id=46 (8/2012).

229 www.humanistische-union.de/nc/themen/srw/staat_religion_weltanschauung_detail/browse/5/back/archiv/article/gegen-kirchliche-sonderrechte-in-berlin-10-irrtuemer-zu-pro-reli/ (8/2012).

sich. Das fördert den Respekt und die Toleranz gegenüber den Grundüberzeugungen der Anderen.“[230]

Pro Ethik: „Angesichts dieser Vielfalt [der Glaubensvorstellungen und Weltanschauungen] ist es eine wichtige Aufgabe der Schule, gegenseitiges Verständnis, Toleranz und Respekt zu fördern. Das gelingt besonders gut, wenn die Schülerinnen und Schüler über grundlegende Fragen der Ethik, ihrer Herkunftskulturen und ihrer Lebensgestaltung miteinander ins Gespräch kommen und so gegenseitiges Verständnis entwickeln können.“[231]

Christen pro Ethik: „Dass ausgerechnet ein separierender Religionsunterricht der Tendenz zu Parallelgesellschaften in der Bevölkerung entgegenwirken soll, ist für uns nicht nachvollziehbar. Wir halten im Gegenteil den Ethikunterricht für gesellschaftlich integrierend und erkennen darin eines der wichtigsten biblischen Anliegen wieder: Trennungen zu überwinden und nicht zu vertiefen.“[232]

Pro Reli: „Ethik als alleiniges Pflichtfach steht in einem Dilemma. Es soll Werte vermitteln, muss aber als alleiniges, nicht abwählbares Fach weltanschaulich neutral sein. Es gibt aber keine echte Wertevermittlung ohne ein Bezugssystem. Und ein Bezugssystem ist immer an weltanschauliche Grundüberzeugungen gekoppelt – unabhängig davon, ob diese nun säkular-humanistisch oder religiös begründet sind.

Die Fächergruppe Ethik/Religion befreit Ethik aus diesem Dilemma. Hier gibt es kein Unterrichtsmonopol mehr für Ethik und damit auch nicht die unerfüllbare Verpflichtung zur weltanschaulichen Neutralität.“[233]

---

230 www.pro-reli.de/volksentscheid/?page_id=46 (8/2012).

231 www.proethik.info/archiv-volksentscheid/ (8/2012).

232 christen-pro-ethik.de/fileadmin/user_upload/cpe/31_03_09.pdf (8/2012).

233 www.pro-reli.de/volksentscheid/?page_id=46 (8/2012).

Pro Ethik: „Im Unterschied zum Bekenntnisunterricht der Kirchen, Religions- und Weltanschauungsgemeinschaften wird Ethik religiös und weltanschaulich neutral unterrichtet, d. h., in ihm wird keine Religion oder Weltanschauung vertreten oder bevorzugt.

Die religiös-weltanschauliche Neutralität gilt für alle Unterrichtsfächer in Berlin, gewinnt aber im Fach Ethik eine besondere Bedeutung. Die Erfahrungen der Heranwachsenden mit einer Lehrkraft, die den Ethikunterricht religiös-weltanschaulich neutral gestaltet, und der Dialog in der Klasse helfen ihnen, Respekt vor Mitschülern mit anderen Weltdeutungen, Sinngebungen und Lebensauffassungen zu entwickeln."[234]

Pro Reli: „Der Senat hat in der politischen Diskussion argumentiert, dass Kinder unterschiedlicher konfessioneller und religiöser Herkunft sich im Einheitsfach Ethik gegenseitig befruchten sollten. Dies ist eine Illusion. Von 12jährigen Kindern, die noch nicht einmal religionsmündig, geschweige denn wahlberechtigt oder gar volljährig sind, wird man kaum erwarten können, dass sie in ihrer religiösen Prägung soweit gefestigt sind, dass sie andere mitreißen können.

Um eine im weltanschaulichen Einzelfall fundierte Bildung erreichen zu können, müssen Kinder und Jugendliche zunächst die Möglichkeit haben, sich in ihrer eigenen Welt zurechtzufinden und ihre eigenen traditionellen und religiösen Grundlagen zu begreifen."[235]

Pro Ethik: „Durch eine gemeinsame ethische Bildung und einen im Unterricht praktizierten Dialog wird bei den Schülerinnen und Schülern verschiedener kultureller, weltanschaulicher oder religiöser Herkunft die Freiheit

234 www.proethik.info/archiv-volksentscheid/ (8/2012).

235 www.pro-reli.de/volksentscheid/?page_id=50 (8/2012).

gefördert, sich selbstbestimmt im Leben zu orientieren und sich für eine bestimmte Religion, Konfession oder Weltanschauung oder auch keine zu entscheiden. Eine Parallele gibt es im Bereich der politischen Bildung. Diese zielt auf die Förderung allgemeiner demokratischer Reflexions- und Handlungskompetenz, jedoch nicht auf die Bindung an bestimmte Parteien."[236]

Pro Ethik: „Breiter Dialog: Verschieden Denkende reden miteinander. Statt: Enger Dialog: Reden über abwesende Andersdenkende."[237]

SPD-Berlin: „Der Berliner Weg lautet nicht ‚Ethik oder Religion', sondern ‚Ethik und Religion'. Ethik ist keine Konkurrenz zum Religionsunterricht. Beide Fächer ergänzen sich."[238]

Weltanschauliche Neutralität: Was heißt das für den Unterricht an einer öffentlichen Schule?

Schlüsselbegriff einer laizistischen Staatsordnung ist die weltanschauliche Neutralität. Was dies im Hinblick auf die Symbolik in Klassenräumen bedeutet, ist leicht einzusehen. Schwieriger wird es, wenn es um Unterrichtsstil und Unterrichtsinhalt an öffentlich-staatlichen Schulen geht: Dürfen Weltanschauungen überhaupt unterrichtet werden? Müssen unterrichtende Lehrer ihre Sicht auf die Welt verstecken und dürfen deshalb als authentische Persönlichkeiten nicht in Erscheinung treten? Darf eine Werteerziehung stattfinden?

Im Rahmen der Einführung des Berliner Ethikunterrichts kam es zu zwei Verfassungsbeschwerden, die am 15. März 2007 vom Bundesverfassungsgericht einstimmig nicht zur Entscheidung angenommen

236 www.proethik.info/archiv-volksentscheid/ (8/2012).

237 www.proethik.info/archiv-volksentscheid/positionen-im-vergleich/ (8/2012).

238 archiv.spd-berlin.de/w/files/spd-infostand/flyer-ethik_spd_neu.pdf (8/2012).

wurden, wodurch die Verfassungskonformität eines für alle Schüler obligatorischen Faches Ethik bestätigt wurde. In klaren Worten wird in der Begründung zum Ausdruck gebracht, was staatliche Neutralität bedeutet. Wegen der zentralen Bedeutung der staatlichen Neutralität seien die Begründungen ausführlicher zitiert.[239]

Zum Hintergrund der Verfassungsbeschwerde: Die Schülerin einer siebten Klasse und ihre protestantischen Eltern haben dagegen geklagt, dass es im neu eingeführten Ethikunterricht keine Abmeldemöglichkeit gibt. Sie begründeten diese Klage damit, dass sie sich durch das Fach Ethik „in einen Gewissenskonflikt gestoßen fühlten, weil sich christliche und philosophische Ethik in ihren Grundlagen widersprechen würden. Nicht der Mensch, sondern Gott sei der Maßstab der christlichen Ethik. Es sei praktisch nicht durchzuführen, das Fach Ethik weltanschaulich und religiös neutral zu unterrichten, wie dies der Gesetzgeber betone."

Der Antrag wurde unter anderem mit folgenden Begründungen nicht zur Entscheidung angenommen:

> „Der Staat darf unabhängig von den Eltern auch eigene Erziehungsziele verfolgen […], muss dabei aber Neutralität und Toleranz gegenüber den erzieherischen Vorstellungen der Eltern aufbringen […]. Er darf – als Heimstatt aller Staatsbürger […] – keine gezielte Beeinflussung im Dienste einer bestimmten politischen, ideologischen oder weltanschaulichen Richtung betreiben; und er darf sich nicht durch von ihm ausgehende oder ihm zuzurechnende Maßnahmen ausdrücklich oder konkludent[240] mit einem bestimmten Glauben oder einer bestimmten Weltanschauung identifizieren und dadurch den religiösen Frieden in der Gesellschaft von sich aus gefährden […].

239 Der Begründungstext, aus dem alle folgenden Zitate entnommen sind, ist online verfügbar: www.bundesverfassungsgericht.de/entscheidungen/rk20070315_1bvr278006.html (8/2012).

240 Nur eine Schlussfolgerung zulassend.

[...] Die dabei gebotene religiös-weltanschauliche Neutralität ist indessen nicht als eine distanzierende im Sinne einer strikten Trennung von Staat und Kirche, sondern als eine offene und übergreifende, die Glaubensfreiheit für alle Bekenntnisse gleichermaßen fördernde Haltung zu verstehen [...].

[...] Mit diesen Maßstäben wäre ein einseitig an den Überzeugungen eines bestimmten Glaubens orientierter Pflichtunterricht ebenso wenig vereinbar, wie eine Abschottung der Schüler von den in der Gesellschaft vertretenen moralisch-ethischen und auch religiösen Positionen. Die Offenheit für eine Vielfalt von Meinungen und Auffassungen ist konstitutive Voraussetzung einer öffentlichen Schule in einem freiheitlich-demokratisch ausgestalteten Gemeinwesen.

[...] Schüler und deren Eltern können danach keine Unterrichtsgestaltung beanspruchen, nach der die Kinder vollständig von der Befassung mit Glaubensrichtungen oder Ansichten verschont bleiben, die ihnen fremd sind. In einer Gesellschaft, die unterschiedlichen Glaubensüberzeugungen Raum gibt, gewährt Art. 4 Abs. 1 Grundgesetz ein solches Recht nicht [...]. So ist etwa nichts dagegen einzuwenden, wenn die Schule im Rahmen des Biologieunterrichts die Evolutionstheorie vermittelt und die Behandlung der Schöpfungsgeschichte auf den Religionsunterricht beschränkt [...].

[...] Auch die Erkenntnis, dass es unterschiedliche Deutungen des Ethikbegriffs geben mag, steht der gesetzlichen Einführung eines Ethikunterrichts als Pflichtfach von Verfassung wegen nichts entgegen. Maßgeblich ist lediglich, dass weltanschaulich religiöse Zwänge soweit irgend möglich ausgeschaltet werden, Raum für eine sachliche Auseinandersetzung bleibt und das Toleranzgebot beachtet wird [...].

> [...] Eine festlegende oder indoktrinierende Darstellung einer einzelnen Position hat zu unterbleiben [...]. Vom Unterrichtenden wird zwar erwartet, dass er zu den angesprochenen Fragen und Wertkonflikten einen eigenen Standpunkt einnimmt und diesen glaubwürdig vertritt. Dabei ist es dem Rahmenplan zufolge aber selbstverständlich, dass die Schülerinnen und Schüler vom Unterrichtenden nicht unzulässig beeinflusst werden [...]. Die Schüler sollen lernen zu erkennen, dass die Grundrechte, wie sie im Grundgesetz, in der Landesverfassung [...] festgeschrieben sind, eine notwendige Grundlage des zivilen Zusammenlebens bilden [...]. Ausgangspunkt der Wissensvermittlung in ideengeschichtlicher Perspektive sind die die abendländische Kultur prägenden Ideen und Wertvorstellungen, insbesondere die der Aufklärung und des Humanismus. Es soll eine themen- und problemorientierte Begegnung und Auseinandersetzung mit den Ideen erfolgen, wie sie in Philosophie, Kultur, Religionen und Weltanschauungen zum Ausdruck kommen [...]. Die normative Ausgestaltung des Ethikunterrichts wahrt damit das Gebot staatlicher Neutralität und entspricht der gebotenen Offenheit für unterschiedliche religiöse und weltanschauliche Auffassungen.“

Es wird sicher nicht immer ganz leicht sein, im konkreten Unterrichtsgeschäft die mit diesen Worten vorgegebene Haltung konsequent durchzuhalten; insofern ist die Schule für alle ein ständiges Übungsfeld im Miteinander der verschiedensten Weltanschauungen. Doch wenn der freiheitliche Grundcharakter unserer Gesellschaft bei wachsender weltanschaulicher Pluralität nicht aufgeben werden soll, bleibt nichts, als sich der Herausforderung zu stellen, anstatt unter Gleichgesinnten abzutauchen.

Philosophie, Ethik und Religionskunde für alle

Es ist außerordentlich wichtig zu erkennen, dass der Charakter eines weltanschaulich neutralen PER-Unterrichts und der des bekenntnisgebundenen Religionsunterrichts grundverschieden sind. Somit schließt der eine den anderen Unterricht nicht aus; man muss sich vielmehr fragen, ob die Praxis überhaupt sinnvoll ist, Ethik und Religionsunterricht im Sinne einer Wahlpflichtmöglichkeit nebeneinanderzustellen. Angesichts der in diesem Buch ausführlich dargestellten religiös weltanschaulichen Lage in unserem Land ist der Autor davon überzeugt, dass ein Fach von zentralem Interesse aller ist, in dem die Jugendlichen von der ersten Klasse an mit Philosophie, Ethik und Religionskunde vertraut gemacht werden, gemeinsam in der örtlichen Mischung der Weltanschauungen, die im Klassenverbund vertreten werden. Dies fordern nicht nur laizistische Arbeitsgruppen und humanistische Verbände, es gibt auch Elterninitiativen, die sich in dieser Richtung engagieren.[241]

Wichtiger noch, die UNESCO – die Organisation der Vereinten Nationen für Bildung, Wissenschaft und Kultur – hat die Förderung philosophischer Bildung vom Grundschulalter bis in die Universitäten in ihrem UNESCO-Philosophieprogramm zu einem vorrangigen Ziel erklärt.[242] In der Publikation „Philosophie – eine Schule der Freiheit“[243] wird dargestellt, wie wichtig hierfür der Beitrag ist, den das Philosophieren mit Kindern schon ab der Grundschule leisten kann. Die Motivation, Philosophieren schon früh zu fördern, ergibt sich daraus, dass die Heranwachsenden in ihrem Recht, ein eigenes Weltbild entwickeln zu dürfen, ernst genommen werden. Dazu heißt es:

---

241 Siehe z. B. die „Elterninitiative zur Förderung von Philosophie, Ethik und Religionskunde“, www.ei-proper.de (8/2012).

242 Siehe die Homepage der deutschen UNESCO-Kommission: http://www.unesco.de/philosophie.html (3/2013).

243 Erschienen 2007, online unter: http://www.unesco.de/fileadmin/medien/Dokumente/Wissenschaft/Philosophie-eine-Schule-der-Freiheit.pdf (3/2013).

> „Das Interesse an der Philosophie für Kinder ist Ausdruck der staatlich anerkannten Rechte von Kindern, insbesondere des Rechts eines jeden Kindes, seine eigene Weltanschauung zu entwickeln und bei diesem Entwicklungsprozess durch die Schule unterstützt zu werden. Dieses Recht wird Kindern durch das 1989 von der UN-Generalversammlung verabschiedete Übereinkommen über die Rechte des Kindes (englisch Convention on the Rights of the Child, CRC) garantiert, welches neben weiteren konkreten Rechtsansprüchen Kindern das ‚Recht auf freie Meinungsäußerung', das Recht, sich ‚Informationen und Gedankengut jeder Art […] zu beschaffen, zu empfangen und weiterzugeben' (Artikel 12 und 13), und auch das Recht auf ‚Gedankenfreiheit' (Artikel 14) zusichert. Der Text des Übereinkommens ist auf philosophischer und politischer Ebene bahnbrechend, da er einen Begriff des Kindes als einer Person entwickelt, die nicht nur des besonderen Schutzes, sondern ebenso besonderer Gewährleistungen bedarf und einen Anspruch darauf hat, aktiv an der Gestaltung ihres eigenen Lebens mitzuwirken."[244]

Wenn sich die eigene Persönlichkeitsentwicklung im Austausch mit Menschen vielfältigster Lebensentwürfe vollzieht, kann diese Schulung der Dialogfähigkeit zur Quelle eines toleranten Miteinanders werden.

Da es einen gemeinsamen PER-Unterricht meist nicht gibt und der konfessionelle Religionsunterricht viele Funktionen dieses Unterrichts übernommen hat, bestehen inhaltliche Überschneidungen für beide Fächer, die auseinanderdividiert werden müssen. Demnach ist es erforderlich, Unterrichtsinhalte von der ersten Klasse an neu zu sortieren. Die Frage hierbei lautet, welche Inhalte des Religionsunterrichts bzw. des Ethikunterrichts den Rahmen eines gemeinsamen, staatlichen Unterrichts und welche den eines konfessionellen Unterrichts aus der Sache heraus fordern. Eine beschreibende Religionskunde beispielsweise wäre sicher

244 Ebd., S. 11.

besser aufgehoben im gemeinschaftlichen Rahmen des PER-Unterrichts, Glaubensunterweisungen und der eingehende Fokus auf das jeweilige heilige Buch der Religionsgemeinschaft hätten im PER-Unterricht nichts verloren und fordern einen konfessionellen Religionsunterricht. Eine für alle befriedigende Zuordnung ist keine einfache Aufgabe; sie müsste von einem fachkundigen Gremium vorbereitet und ausführlich diskutiert werden.

Um die Aufgabenstellung zu veranschaulichen, seien willkürlich einige Themen aus den Curricula des Religionsunterrichts bzw. des Ethikunterrichts nach Stufen sortiert aufgeführt.[245]

Grundschule:

> Der evangelische Religionsunterricht „befähigt, mit anderen zusammen die Frage nach Gut und Böse, Recht und Unrecht zu stellen, und setzt sich für ein Leben in Freiheit, Demokratie und sozialer Verantwortung ein“ (evangelischer Religionsunterricht).
>
> „Die Schülerinnen und Schüler werden ermutigt und begleitet, eine persönliche, vertrauensvolle Gottesbeziehung sowie einen persönlichen Glauben an Jesus Christus zu entfalten und Heimat in ihrer Kirche zu finden“ (katholischer Religionsunterricht).
>
> Die Schülerinnen und Schüler können ihr „Leben zur Sprache bringen: Teilen, was [sie] im Leben erfahren – Glück, Angst, Geborgenheit, Leid, Krankheit, Tod“ (katholischer Religionsunterricht).

245 Die Beispiele stammen alle aus den Bildungsplänen Baden Württembergs für die Grundschule und für das Allgemeinbildende Gymnasium. Hier sind nur einige wenige Beispiele abgedruckt, es sei empfohlen, diese genauer zu studieren; die Bildungspläne sind nachzuschlagen unter www.schule-bw.de/entwicklung/bistand/ (8/2012). In Klammern ist vermerkt, aus welchem Fach die Formulierung stammt.

> „Es geht darum, den Kindern die verschiedenen Dimensionen der Wirklichkeit zu erschließen und sie ihre ‚inneren Räume' entdecken zu lassen. Dies geschieht sowohl in Stille-Erfahrungen (Fantasiereisen, Meditationsübungen, Übungen der Stille) als auch in Bewegungs-Erfahrungen" (katholischer Religionsunterricht).

Es dürfte jedem einsichtig sein, dass einige dieser Unterrichtsanliegen für alle Schüler relevant sind und nicht an konfessionelle Zugehörigkeit gebunden sind oder sein sollten. Man mache sich klar, dass konfessionsfreien Schülern diese Unterrichtseinheiten in der Regel versagt bleiben und sie währenddessen im Warteraum bestenfalls Hausaufgaben machen!

Sekundarstufe I:

> „Schülerinnen und Schüler werden befähigt, nach dem Ganzen der Wirklichkeit und dem Grund und Sinn der persönlichen Existenz zu fragen. Sie untersuchen unterschiedliche Deutungen der Wirklichkeit und setzen sie in Beziehung zur biblischen Rede von Gott" (katholischer Religionsunterricht).

> „Die Schülerinnen und Schüler können anhand eigener Erfahrungen, literarischer Zeugnisse oder kirchlicher Traditionen darlegen, welche Bedeutung Jesus Christus für Menschen haben kann" (katholischer Religionsunterricht).

> „Die Schülerinnen und Schüler können erläutern, wie die Begrenztheit menschlichen Lebens zur Deutung von Angst, Leid und Tod herausfordert" (evangelischer Religionsunterricht).

> Die Leitlinie des Ethikunterrichts ist eine „verstehende Erschließung tradierter Wertvorstellungen" (Ethikunterricht).

„Die Schülerinnen und Schüler können Möglichkeiten kritischen und verantwortungsbewussten Konsumverhaltens erörtern" (Ethikunterricht).

Sekundarstufe II:

„Die Schülerinnen und Schüler können erläutern, inwiefern der christliche Glaube den Menschen helfen kann, mit Freiheit, Grenzen und Schuld zu leben" (katholischer Religionsunterricht).

„Die Schülerinnen und Schüler kennen verschiedene Deutungen der Wirklichkeit, zum Beispiel Materialismus, Ökonomismus, Szientismus, und können sie entsprechend ihren Hintergründe und Folgen kritisch bewerten" (katholischer Religionsunterricht).

„Die Schülerinnen und Schüler können Begründungen von Menschenwürde und Menschenrechten (naturrechtliche, vernunftrechtliche) unterscheiden" (Ethikunterricht).

„Die Schülerinnen und Schüler können sich mit der Ambivalenz wissenschaftlich-technischer Entwicklungen auseinandersetzen" (Ethikunterricht).

„Die Schülerinnen und Schüler können zentrale religionswissenschaftliche Unterscheidungen darlegen" (Ethikunterricht).

Der Autor möchte an dieser Stelle möglichen Ergebnissen dieser Inhaltsanalyse nicht vorgreifen, sondern nur auf einen Weg hingewiesen haben, den zu gehen naheliegt.

Eine einheitliche Bezeichnung für den gemeinsamen „Ethikunterricht" gibt es noch nicht.[246] Im hier vorgeschlagenen Namen verweist die „Philosophie" auf die Bezugswissenschaft dieses Faches. Sie steht für ein ergebnisoffenes Nachdenken über die Grundfragen des Lebens vor dem Hintergrund philosophischer Überlieferung. Die besondere Erwähnung der „Ethik" ist einerseits der Entwicklung dieses Faches aus dem Ethikunterricht als Ersatz für den Religionsunterricht geschuldet; andererseits verweist sie darauf, dass der PER-Unterricht die im Grundgesetz verankerten ethischen Kompetenzen vermitteln soll. „Religionskunde" schließlich vergegenwärtigt, dass man in diesem Unterricht die verschiedenen religiösen Traditionen aus der Außenperspektive kennenlernt, darunter gegebenenfalls auch die eigene.

Hinter den unterschiedlichen Strukturen des PER- und Religionsunterrichts stehen unterschiedliche Grundanliegen dieser Fächer. Zwei Zitate sollen diese Grundanliegen abschließend vergegenwärtigen. Das erste stammt aus der schon zitierten Schrift der Deutschen Bischofskonferenz „Die bildende Kraft des Religionsunterrichts", in der die Aufgabe des Religionsunterrichts wie folgt beschrieben wird:

> „Gerade den jungen Menschen in einer pluralistisch unübersichtlichen Gesellschaft schuldet ein seiner Bildungsaufgabe verpflichteter Religionsunterricht zuverlässige Orientierung. Dies ist dem Religionsunterricht durch das Bekenntnis seiner Kirche gegeben, in dem diese das Evangelium hört und sich aneignet."[247]

Das zweite Zitat stammt aus der Studie von Martin F. Meyer zum Ethikunterricht in Deutschland:

> „Die aus wissenschaftlicher Sicht vorbildlichen Lehrpläne der Länder Berlin und Schleswig-Holstein können als neues Paradigma begriffen werden, wie Schüler von klein auf

246 Im Bundesland Brandenburg bspw. heißt ein entsprechendes Fach LER = Lebensgestaltung – Ethik – Religionskunde.

247 Deutsche Bischofskonferenz: Die bildende Kraft des Religionsunterrichts, S. 56.

an philosophische Problemstellungen herangeführt werden können. Sie zeigen zugleich an, dass eine seriöse Unterrichtsgestaltung im Fach Ethik nie ideologisch-doktrinär sein kann, sondern dass wirkliche Philosophieerziehung eher zu Fragen als Antworten anregt. Ihr Ziel ist der mündige, selbstdenkende und hinterfragende kritische Staatsbürger. Dass im Hintergrund dieser neuen Didaktik selbst ein Philosoph steht – nämlich Kant – spricht für sich."[248]

248 Meyer, Ethikunterricht in Deutschland, S. 72.

Das Böckenförde-Diktum und ein Plädoyer für eine säkulare Schule

Wenn es darum geht, kirchliche Privilegien und die Betonung des Christlichen im öffentlichen Leben unserer Gesellschaft auf der politischen Bühne zu rechtfertigen, hört man oft folgendes Zitat:

> „Der freiheitliche, säkularisierte Staat lebt von Voraussetzungen, die er selbst nicht garantieren kann."

Es stammt vom Rechtsphilosophen Ernst-Wolfgang Böckenförde (*1930), der von 1983 bis 1996 Richter am Bundesverfassungsgericht war. Es ist als Böckenförde-Diktum oder Böckenförde-Dilemma in den öffentlichen Diskurs eingegangen. Böckenförde ist ein hochgeehrter Rechtstheoretiker, der beispielsweise 2004 den Hannah-Arendt-Preis für politisches Denken erhielt. Dieser Preis wurde 1994 mit der Absicht gestiftet, die öffentliche Diskussion über strittige politische Fragen zu fördern im Sinne des Arendt-Diktums: „Der Sinn von Politik ist Freiheit." Gleichzeitig ist Böckenförde der katholischen Kirche eng verbunden; er wurde von Papst Johannes Paul II. mit dem Gregoriusorden ausgezeichnet, einer der höchsten Anerkennungen, die der Papst an Laien verleiht.[249] So verwundert es nicht, wenn dem Böckenförde-Diktum unterstellt wird, die Voraussetzungen, von denen die Rede ist, seien der christliche Glaube, institutionalisiert in den christlichen Kirchen, oder zumindest der christlich-religiöse Hintergrund unserer Gesellschaft.

Das wird Böckenförde aber nicht gerecht, was schon erkennbar ist, wenn man das Diktum etwas ausführlicher zitiert:

> „Der freiheitliche, säkularisierte Staat lebt von Voraussetzungen, die er selbst nicht garantieren kann. Das ist das große Wagnis, das er, um der Freiheit willen, eingegangen ist. Als freiheitlicher Staat kann er einerseits nur bestehen, wenn sich die Freiheit, die er seinen Bürgern gewährt, von

249 http://de.wikipedia.org/wiki/Ernst-Wolfgang_B%C3%B6ckenf%C3%B6rde (12/2012).

> innen her, aus der moralischen Substanz des Einzelnen und der Homogenität[250] der Gesellschaft, reguliert. Andererseits kann er diese inneren Regulierungskräfte nicht von sich aus, das heißt, mit den Mitteln des Rechtszwanges und autoritativen Gebots zu garantieren versuchen, ohne seine Freiheitlichkeit aufzugeben und – auf säkularisierter Ebene – in jenen Totalitätsanspruch zurückzufallen, aus dem er in den konfessionellen Bürgerkriegen herausgeführt hat.[251] [...] Es führt kein Weg über die Schwelle von 1789 (Französische Revolution) zurück, ohne den Staat als die Ordnung der Freiheit zu zerstören."[252]

Der freiheitliche Rechtsstaat lebt von der engagierten Teilhabe seiner Bürger, die den Souverän dieses Staates darstellen und deren politisches Handeln von dem Geist getragen sein muss, letztlich den freiheitlichen Charakter dieses Staates nachhaltig erhalten zu wollen. Diese Haltung lässt sich natürlich nicht erzwingen; anders als in transzendent begründeten Herrschaftssystemen „aus Gottes Gnaden", deren autoritäre Durchsetzung metaphysisch legitimiert ist. Das ist einsichtig. Politisch kann der freiheitliche Staat die Voraussetzungen, von denen er lebt, nicht garantieren, wohl aber gesellschaftliche Elemente fördern, die diese Voraussetzungen erzeugen.[253] Und das tut er auch. Die Frage ist nur, wodurch eine freiheitlich-rechtsstaatliche Gesinnung begünstigt wird.

---

250 Im unten zitierten Interview führt Böckenförde aus, dass er damit „eine gemeinsame Vorstellung davon" meint, „wie man zusammenleben will", und nichts anderes, denn „völkische Homogenitätsvorstellungen können schnell ins Verderben führen, wie der Nationalsozialismus gezeigt hat."

251 Ernst-Wolfgang Böckenförde: Staat, Gesellschaft, Freiheit. Studien zur Staatstheorie und zum Verfassungsrecht, Frankfurt am Main 1976, S. 60.

252 Siehe auch den Kommentar von Gerhard Czermak: „Der freiheitliche, säkulare Staat ...", unter: http://hpd.de/node/8543 (12/2012).

253 Er kann sich auch gegen verfassungsfeindliche Einflussnahme erwehren. Das ist beispielsweise der Sinn staatlicher Schulaufsicht.

Böckenförde selbst betonte in einem „TAZ"-Interview von 2009, er fühle sich missverstanden, wenn man unterstelle, dass er mit dem Diktum die ethische Kraft der Religionen in diesem Kontext ins Zentrum staatlicher Förderung habe rücken wollen.[254]

> „TAZ: Kritiker werfen Ihnen vor, dass Sie die ethische Kraft der Religion überbetonen.
>
> BÖCKENFÖRDE: Diese Kritik übersieht den Kontext, in dem ich 1964 diesen Satz formuliert habe. Ich versuchte damals vor allem den Katholiken die Entstehung des säkularisierten, das heißt weltlichen, also nicht mehr religiösen Staates zu erklären und ihre Skepsis ihm gegenüber abzubauen. Das war also noch vor 1965, als am Ende des Zweiten Vatikanischen Konzils die katholische Kirche erstmals die Religionsfreiheit voll anerkannte. In diese Skepsis hinein forderte ich die Katholiken auf, diesen Staat zu akzeptieren und sich in ihn einzubringen, unter anderem mit dem Argument, dass der Staat auf ihre ethische Prägekraft angewiesen ist.
>
> TAZ: Sie wollten damals also nicht behaupten, dass allein die Kirche und die Religion den Ethos schaffen, der den Staat zusammenhält?
>
> BÖCKENFÖRDE: Nein, das lesen vielleicht manche Kirchenvertreter hinein, aber so war das nicht gemeint. Auch weltanschauliche, politische oder soziale Bewegungen können den Gemeinsinn der Bevölkerung und die Bereitschaft fördern, nicht stets rücksichtslos nur auf den eigenen Vorteil zu schauen, vielmehr gemeinschaftsorientiert und solidarisch zu handeln."

---

254 Die folgenden Zitate aus diesem Interview, online unter: http://www.taz.de/1/archiv/print-archiv/printressorts/digi-artikel/?dig=2009%2F09%2F23%2Fa0090 (12/2012).

Damit hat Böckenförde klargestellt, dass er die katholische Kirche nicht in erster Linie als die Institution sieht, die jene Voraussetzungen schafft, von denen der freiheitlich-säkulare Staat lebt. Wie sollte sie diese herausragende Institution auch sein, wenn noch über ein Jahrzehnt nach Gründung der Bundesrepublik „Überredungskünste" nötig waren, um sie ins freiheitlich-staatliche Boot zu holen?[255] Gleichzeitig sind die Kirchen, wie andere Einrichtungen der Staatsbürger auch, Orte, die Lebenssinn und Lebenshaltung zum Ausdruck bringen; sie sollten damit auch Orte sein, an denen eine freiheitlich-demokratische Gesinnung gepflegt wird – genauso wie viele andere!

Wie gezeigt wurde, spielten die Kirchen in der konfessionellen Landschaft der 1960er-Jahre noch eine wesentlich dominantere Rolle bei der weltanschaulichen Orientierungssuche der Bürger unseres Staates als heute. Inzwischen macht die Zahl der Konfessionsfreien die größte ‚konfessionelle' Gruppe aus, und diejenigen, denen der christliche Glaube zentraler Lebensorientierungsmaßstab ist,[256] stellen eine Minderheit in der Bevölkerung dar, womit die weltanschauliche Landschaft pluraler wird. Im Hinblick auf die Voraussetzungen, von denen unser Staat in Zukunft leben muss, ist damit die Förderung eines toleranten und fruchtbaren Dialoges zwischen allen Bürgern gleich welcher Konfessionalität in ethischen Fragen wichtiger als die Förderung konfessioneller Verschiedenheit.[257] Dieser Dialog kann nur im säkularen Milieu stattfinden, unter Achtung der weltanschaulichen Einbindung der Dialogteilnehmer. Das schafft die

255 Böckenförde selbst zeigt in seiner Person gleichzeitig, dass überzeugte Katholiken auch überzeugte Verfechter eines freiheitlichen Staates sein können. Es geht in dieser Anmerkung nur darum, denjenigen den Wind aus den Segeln zu nehmen, die aus dem Böckenförde-Diktum die überragende Rolle der Kirchen und des christlichen Glaubens herauslesen.

256 Also im Sinne der Bertelsmann Stiftung die Hochreligiösen.

257 Siehe hierzu den sehr anregenden Vortrag des Sozialethikers an der evangelisch-theologischen Fakultät der Universität Bonn Prof. Dr. Hartmut Kreß zum Thema „Werte, Religion und Toleranz im säkularen Staat. Mit kritischen Anmerkungen zum Böckenförde-Diktum", online unter: www.sozialethik.uni-bonn.de/kress/vortraege, auch als Mitschnitt unter: http://www.youtube.com/watch?v=L9ceFz5ilrA (12/2012).

„moralische Substanz", wie Böckenförde sich ausdrückte, von denen der Staat zehren muss. Dazu weiter im Interview:

> „TAZ: Kann der Staat diese Moral nicht selbst schaffen?
>
> BÖCKENFÖRDE: Der freiheitliche Staat kann die moralische Substanz seiner Bürger zwar stützen und fördern, aber nicht von sich aus schaffen oder garantieren. Denn wenn er den Bürgern einen Ethos und moralische Bekenntnisse mit seinen hoheitlichen Methoden aufzuerlegen und zu erzwingen sucht, dann ist er kein freiheitlicher Staat mehr.
>
> TAZ: Wie kann der Staat die öffentliche Moral stützen und fördern?
>
> BÖCKENFÖRDE: Dazu gehört nicht zuletzt der Erziehungsauftrag der Schule, auch wenn der heute leider nur noch schwach wahrgenommen wird."

Damit lenkt Böckenförde den Blick auf die Schulen. Ganz zu Recht, denn diese sind die Orte gesamtgesellschaftlicher Sozialisation. Werden die heranwachsenden Kinder und Jugendlichen im Elternhaus im Hinblick auf die in der Familie lebenden Traditionen und Weltanschauungen geprägt und gegebenenfalls in den Religionsgemeinschaften, der die Familien angehören, auf die Glaubenstraditionen, so sollten sie in der Schule dialogfähig gemacht werden für eine freiheitliche, plurale Gesellschaft.

Wie der Staat angesichts der – begrüßenswerten – weltanschaulichen Vielfalt seiner Bürger nur als säkularer Staat „Heimstatt aller Bürger" sein kann, kann auch die Schule nur als säkulare Schule auf ein Leben im säkularen Staat vorbereiten. Das soll nicht heißen, dass die religiös-weltanschauliche Vielfalt nicht erkennbar und erlebbar sein soll, im Gegenteil; es soll aber heißen, dass im weltanschaulich neutralen staatlichen Rahmen diese Vielfalt in einen möglichst fruchtbaren Dialog tritt.

Gerade wenn es um ethische Fragen geht, sollte dieser Dialog von Kindesbeinen an geübt werden: Darin sieht der Autor die „Voraussetzungen" eines gelingenden freiheitlich-demokratischen Miteinanders im Sinne des Böckenförde-Diktums. Für die Vermittlung freiheitlich-demokratischer Werte ist es entscheidend wichtig, dass Wertevermittlung nicht nur im Kontext konfessionell-religiöser Bindung erfahren wird, sondern im Dialog aller, von Anfang an. Es ist das wichtigste Argument für einen Philosophie-, Ethik- und Religionskundeunterricht ab der ersten Klasse, dass er diesen Dialog über die weltanschaulichen Grenzen hinweg von Kindesbeinen an zur Selbstverständlichkeit werden lässt.

Jede Art konfessioneller Vereinnahmung des schulischen Gesamtrahmens hingegen ist kontraproduktiv. Denn Schule vermittelt, was als „öffentliche Kultur" erlebt wird, und unsere europäische Kultur ist, wie gezeigt wurde, nicht deckungsgleich mit dem Christentum. Wir leben nicht in einer christlichen Kultur, wir leben in einer vom Christentum *mit*geprägten Kultur. Neben der Vielfalt der kulturellen Akteure unserer Gesellschaft muss der übergeordnete, weltanschaulich neutrale, aber nicht wertneutrale Rahmen unseres Staates verinnerlicht werden. Deshalb brauchen öffentliche Schulen ein säkulares Outfit.

Neben der persönlichen Identifikation der Jugendlichen und späteren Bürger unseres Staates mit einer Weltanschauungs- oder Religionsgemeinschaft oder mit jeder anderen Gemeinschaft in unserem Staate muss ein Gefühl dafür entwickelt werden, dass das gemeinsame integrierende Band aller in unserem Staate lebenden Bürger nicht eine wie auch immer geartete Weltanschauung oder religiöse Vorstellung ist, sondern das gemeinsame Bekenntnis zu den freiheitlichen Spielregeln, nach denen wir leben wollen. Der Jurist und Autor Gerhard Czermak drückt dies mit Bezug auf die Konsequenzen des Böckenförde-Diktums wie folgt aus:

> „Das staatliche Handeln muss gegenüber jedermann gerechtfertigt werden können. Dieses begründungsneutrale Konzept ergibt sich genau genommen aus dem Grundgesetz. Es kennt keine spezielle Staatsideologie, sondern nur zentrale Grundregeln wie Anerkennung individueller Grundrechte, Gewaltverbot, Sicherung des inneren Friedens und so weiter. Eine gründliche staatsbürgerliche Erziehung zu

> diesen staatlich-gesellschaftlichen Grundwerten (Basiskonsens) steht über den Religionen und areligiösen Auffassungen. Sie hätte, konsequent beachtet, wesentlich mehr Aussicht, wirkungsvoll zur Integration möglichst aller Bürger beizutragen, als das durch Religion und allgemeine Kulturförderung erfolgen kann."[258]

Diese Art der Werteerziehung widerspricht nicht der weltanschaulichen Neutralitätspflicht des Staates. Darauf macht der Professor am Zentrum für Philosophie der Justus-Liebig-Universität Gießen Werner Becker in seinem Essay in „Die Welt" aufmerksam, wo er unter der Überschrift: „Demokratie kann moralisch sein" auf das Böckenförde-Diktum eingeht:

> „Hinsichtlich der Erzeugung demokratischer Regelmoral, jener Moral, die ihn selbst trägt, tut unser Staat, durch die entsprechende Lehrplangestaltung für politischen und geschichtlichen Unterricht an den Schulen und durch vielfältige Volksbildungseinrichtungen, sein Möglichstes, ohne dass ihm das Verfassungsgericht je in den Arm gefallen wäre."[259]

Damit ist der Staat alles andere als handlungsunfähig, wenn es darum geht, seine eigenen Fundamente nachhaltig zu sichern. Es muss nur klar sein, dass er sich nicht weltanschaulich oder religiös legitimiert – eine Klarheit, die man in der öffentlichen Diskussion oft vermisst.[260] Der Sozialethiker Prof. Dr. Hartmut Kreß der Universität Bonn drückt dies folgendermaßen aus:

---

258 Siehe: http://hpd.de/node/8543 (12/2012).

259 http://www.welt.de/welt_print/article769068/Demokratie-kann-moralisch-sein.html (12/2012).

260 Man erinnere sich z. B. an die irritierende Aussage der Kanzlerin Frau Angela Merkel: „Wer das christliche Menschenbild nicht akzeptiert, ist ‚fehl am Platze' in Deutschland." Siehe hierzu http://www.nachdenkseiten.de/?p=7119 (12/2012).

> „Was die Staatsdeutung anbelangt, so findet der freiheitliche säkulare Staat seine Legitimität und Stabilität nicht mehr dadurch, dass er sich auf partikulare religiöse oder auf bestimmte metaphysische ‚Voraussetzungen' stützt. Akzeptanz und Zustimmung erlangt er vielmehr dann, wenn er überpartikular, die Konfessionen und Weltanschauungen übergreifend gedeutet wird."[261]

Von dieser Grundhaltung unserem „gemeinsamen staatlichen Band" gegenüber sollte das gesamte öffentliche Erziehungswesen, letztlich ab dem Kindergartenalter, getragen sein. Der staatliche Rahmen ist säkular, die „gelebte Substanz" unseres Staates ist weltanschaulich oder religiös so vielfältig, wie ihre Bürgerinnen und Bürger mit ihren Kindern und Jugendlichen ihre Lebensentwürfe verinnerlicht haben. Will man die wachsende Pluralität unserer Gesellschaft – die sich kaum rückgängig machen lässt – als Chance und nicht als Bedrohung verstehen, dann wird kein Weg um eine säkulare Gestaltung der Schule herumführen. Ein eigener Unterricht, in dem der gesellschaftliche Dialog in ethischen und philosophischen Fragen von Kindesbeinen an gemeinsam mit allen, gleich welcher weltanschaulichen Färbung, geübt wird, ist angesichts der wachsenden Pluralität unserer Gesellschaft von äußerster Wichtigkeit.

Das humanistische Bildungsideal, wie es vor zweihundert Jahren von Wilhelm von Humboldt formuliert wurde, weist, methodisch zeitgemäß verwirklicht, die Richtung, in der wir unser freiheitliches Miteinander auch in Zukunft angesichts wachsender globaler Herausforderungen nachhaltig sichern können. Dieses Ideal zeigt den erzieherischen Weg zum ‚autonomen Individuum' auf, das befähigt wird, mit der Vielzahl an Sinnangeboten, die uns im Zuge der kulturellen Globalisierung erreichen, selbstständig und vernunftgeleitet umzugehen. Angesichts der globalen Krisen, die wir in den nächsten Jahrzehnten zu meistern haben, ist es unbedingt nötig, den Heranwachsenden ein Gefühl dafür zu vermitteln, dass wir allein schon durch unsere weltweiten Wirtschaftsverflechtungen „Weltbürger" sind, ob wir wollen oder nicht. Es wird nur dann eine

261 Kreß: „Werte, Religion und Toleranz im säkularen Staat".

Chance bestehen, mit den Folgen des globalen Artensterbens, des Klimawandels oder des globalen sozialen Ungleichgewichts konstruktiv umzugehen, wenn für möglichst viele erlebbar wird, dass jeder ein Teil des kulturell vielfältigen Ganzen der Menschheit ist und bereit sein sollte, aus der Verantwortung für dieses Ganze zu handeln. Dafür müssen sich alle Menschen, gleich welcher Weltanschauung oder Religion, in einem übergeordneten Werterahmen auf Augenhöhe begegnen. Eine Basis dieses Werterahmens wurde am 10. Dezember 1948 von der Generalversammlung der Vereinten Nationen im Palais de Chaillot in Paris mit der Allgemeinen Erklärung der Menschenrechte verkündet. Es wird aber immer eine Herausforderung sein, Menschenrechte in gelebte Wirklichkeit zu verwandeln.

Zeitfracht Medien GmbH
Ferdinand-Jühlke-Straße 7
99095 Erfurt, Deutschland
produktsicherheit@kolibri360.de